AF551915

Ossi Heindl

Max Esterl und das Wolfauslassen

Max Esterls sechster Fall

Ein Böhmerwaldkrimi

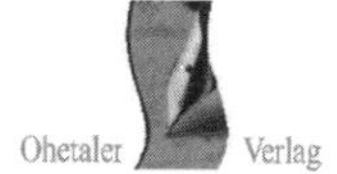

Impressum

Max Esterl und das Wolfauslassen

Max Esterls 6.Fall - ein Böhmerwaldkrimi

Autor
Ossi Heindl

Layout
Hans Schopf

Umschlaggestaltung und Druck
EUROVERLAG GmbH

Herausgeber
Ohetaler Verlag
Finkenweg 13 • 94481 Grafenau
www.ohetaler-verlag.de
info@ohetaler-verlag.de
Tel. 08552 4200
in Zusammenarbeit mit
Verein „Karl Klostermannverein – Dichter des Böhmerwaldes e. V."

ISBN 978-3-95511-095-6

Inhaltsverzeichnis

Prolog: „Wolfauslassen“

Die Oktobernacht war so finster, dass man kaum die eigene Hand vor den Augen sehen konnte. Zwei Schemen bewegten sich fast lautlos auf dem Weg, den die Nationalparkverwaltung durch den Wald beim Haus zur Wildnis in Ludwigsthal gezogen hatte. Die dunkel gekleideten Gestalten steuerten zielsicher zum über drei Meter hohen Zaun, der das Gehege des Wolfsrudels weiträumig umgrenzte, so weiträumig, weil den Besuchern der Tiergehege die Illusion vermittelt werden sollte, dass die Wölfe in Freiheit lebten.

Tag für Tag reckten hier die Touristen ihre Hälse, um einen Blick auf die wilden Wölfe zu erhaschen, wurden Kinder auf die Schultern ihrer Eltern gesetzt, um die grauen Ungeheuer besser sehen zu können, wurden Fotos geschossen, die beweisen sollten, dass man selbst eine Begegnung mit den Bestien hatte, ihnen Auge in Auge gegenüberstand.

Tag für Tag wurden die Tiere von den Gaffern belästigt, die Rufe der Kinder hallten durch den Wald, mit Bonbons versuchte man die Wölfe heranzulocken, man warf Steinchen nach ihnen oder versuchte sie mit Schreien und Pfiffen zu erschrecken, um sie aus ihrer hospitalistischen Lethargie zu wecken.

Jetzt, in der stockdunklen Oktobernacht, hörte man nichts außer dem Knirschen des kiesigen Weges unter den Schritten der beiden nächtlichen Besucher, die gerade ein Tor erreicht hatten, das nur einmal pro Woche zur Fütterung der Wölfe geöffnet wurde.

Ein kurzes Aufblinken der Stirnlampe der größeren der zwei geheimnisvollen Gestalten, die dann am Tor herumhantierten, angestrengtes, fast pfeifendes Ausatmen, metallisches Klicken, zwei-, dreimal hintereinander. Danach ein unterdrücktes Auflachen, ein Händedruck, das leise Quietschen der Scharniere. Das Tor war offen.

So heimlich, wie sie gekommen waren, verschwanden die beiden nächtlichen Besucher wieder in der sie nach wenigen Schritten verschluckenden Finsternis. Die Glocke der kaum einen halben Kilometer entfernten Ludwigsthaler Pfarrkirche schlug zwölf Mal.

Es dauerte kaum eine Stunde, bis der erste Wolf schnuppernd das Tor zur Freiheit passierte.

Kapitel 1: Da stinkt´s

„Sieben Wölfe ausgebrochen. Nationalparkverwaltung sucht fieberhaft nach den Tieren und nach den Tätern, die in einer der vergangenen Nächte ein Tor zum Freigehege in Ludwigsthal aufgebrochen haben."

Max Esterl, Kriminalkommissar im Ruhestand, hatte den *Bayerwald-Boten* vor sich und brummelte in seinen graumelierten Bart. Offenbar erst nach zwei Tagen hatten die Nationalparkleute das geöffnete Tor und die Flucht eines Teils der Wölfe entdeckt, die im Nationalparkfreigehege ein geregeltes aber wenig abenteuerliches Staatspensionistentum pflegten. „Freigehege – was für ein Name für ein Gefängnis!", ging es Max Esterl durch den Kopf, während er in eine etwas andere Sitzposition wechselte. Sieben von ihnen hatten das Tor offen gefunden, an der Freiheit geschnuppert und diese gewählt. Der wilde Duft des Abenteuers hatte sie gelockt, eines Abenteuers, das der Ex-Kommissar den Ex-Gefängnisinsassen von Herzen gönnte.

Sein eigenes Pensionistendasein kam Max Esterl inzwischen auch so vor, wie das der Wölfe im Freigehege. Seit seinem letzten Fall, dem mit der Mumienkammer, hatte sich nichts mehr ereignet, das es wert war, besonders erwähnt zu werden. Ein wenig Sport, hin und wieder Musik machen mit seiner bairisch-böhmischen *Miš Maš*-Gruppe, in der Lokalzeitung lesen, was für kindische Duelle sich der Stadtrat und der Bürgermeister von Zwiesel lieferten, Schafkopfspielen und Eisstockschießen mit Freunden, Wanderungen, Radtouren und lange Gespräche mit seiner Ehefrau Eva, einer Deutschlehrerin am Zwieseler Gymnasium. Besuche bei Freunden im nahegelegenen Tschechien und die Leseabende mit den Büchern des Schriftstellers Karl Klostermann rundeten das Rentnerprogramm ab. Alles gut und schön, aber …

Eigentlich, so überlegte Max, während er wieder ein wenig seine Sitzposition änderte, eigentlich war sein Tag schön angefüllt, vom Morgen bis zum Abend. Und dennoch fehlte ihm irgendetwas, Max Esterl fühlte sich unausgefüllt, irgendwie unterfordert.

So schlimm wie bei seinem alten Schulfreund Ludwig Rindl, dem mittlerweile auch pensionierten Polizeichef von Zwiesel, war es bei Esterl allerdings nicht:

Der Rindl, so hatte Max Esterl mitbekommen, war mit der Welt, in der er vorher schon nicht allzu viel, nun aber gar nichts mehr zu sagen hatte, unzufrieden, er langweilte und fraß sich langsam zu Tode. Am Vormittag besuchte er, wenn er sich nicht im Sprechzimmer irgendeiner Arztpraxis befand, die *Rentnertherapie* im Cafe des Edeka-Großmarktes, den Hacklsteckenstammtisch. Dort wurde jeden Tag von Zehn bis Elf die große und vor allem die kleine Politik durchgesprochen, wurden die Gerüchte gekocht, wurden die oft sonderbaren Entscheidungen des Bürgermeisters kommentiert und die ebenso verzweifelten wie vergeblichen Versuche des Stadtrates, diese Entscheidungen zu hintertreiben. So war der Rindl in die Kommunalpolitik geraten und meinte, sich da noch einmal gehörig aufblasen zu können.

Max Esterl schüttelte seinen Kopf, rutschte ein bisschen nach vorne und bewegte die Zehen ein wenig, weil sie einzuschlafen begannen.

Mit dem Ausbruch der Wölfe würden die Rentner wieder genügend Gesprächsstoff haben. Mit Betäubungspfeilen sollten die Tiere gejagt werden, so stand hier.

„Na, viel Vergnügen", brummte der Ex-Kommissar, während er feststellte, dass ihm die Füße, vor allem der rechte, endgültig eingeschlafen waren.

„Und das alles nur, weil die Tür offen war, so eine Scheiße…"

„Max, mach die Tür zu", riss seine Frau Eva den Zeitungsleser aus seinen Gedanken. „Es stinkt ja schon bis in die Küche herüber, kannst nicht wenigstens spülen zwischendurch? Und die Zeitung hätt ich auch ganz gern, zumindest einen Teil davon, weil ich jetzt frühstücken möchte."

„Ja, ja, bin´s ja schon", brummte Max abermals, noch einen Ton tiefer, faltete erst den Bayerwald-Boten und dann das Klopapier zusammen, schloss seine Morgenverrichtung mit einem Seufzer, einer Spülung und dem Waschen der Hände ab und stakste mit seinen eingeschlafenen Füßen, die Zeitung unter der Achsel, seine Hände trocken wedelnd im Storchengang über den Flur zur Küche, wo er sich mit einem langgezogenen Ächzen gegenüber von Eva an seinen Stammplatz am Küchentisch setzte.

„Da, lies!"

Für Eva, die Deutschlehrerin am Zwieseler Gymnasium, gehörte die tägliche Zeitung zur Pflichtlektüre. Sie überflog den Artikel über die Wölfe, während sie mit Genuss ihren Frühstücksjoghurt, ihren *Verdauungskatalysator* verputzte.

„Kann man jetzt noch auf den Falkenstein gehen, ohne vom Wolf gefressen zu werden?", fragte Eva mit einem schalkhaften Augenblinzeln.

Der Falkenstein, der Lieblingsberg von Eva, erhob sein mächtiges Haupt in direkter Nachbarschaft des Wolfsgeheges.

„Wenn du dich nicht traust, dann marschieren wir halt nur noch auf den Hennenkobel."

Der Hennenkobel oberhalb des Bergdorfes Rabenstein war der Favorit von Max. Er war um Einiges niedriger und damit viel leichter zu besteigen als der Falkenstein und bot doch schon eine beachtliche Aussicht. An schönen Tagen sah man von dort den vielgezackten Watzmann und den firngekrönten Dachstein ebenso gut wie vom Falkenstein oder vom Großen Arber.

„Das täte dir so passen, du fauler Strick. Der Wolf, habe ich gehört, legt an einem Tag oft dreißig, vierzig Kilometer zurück, der ist in einer Woche schon im Englischen Garten in München, wenn er will, und reißt dort Dutzende von fetten Hundezamperln, die ihre Frauchen am Eisbach entlang spazieren führen."

Eva legte die Zeitung zur Seite, sah auf ihre Uhr und kramte in ihrer Schultasche, die sie neben sich auf der Eckbank liegen hatte. „Leider muss ich gleich in die Schule, aber ich hab´ da so einen Gedanken, den muss ich noch weiterspinnen: Der Wolf, das wäre doch ein Thema für die nächste Erörterung, da könnten meine Zehntklässler nach Herzenslust hin- und herargumentieren."

Max, der im Laufe seiner Ehe mit der Deutschlehrerin schon Einiges von deren Unterrichtsprojekten mitbekommen hatte, nahm den Faden auf: „Ja, und das Thema Wolf könntest du ausbauen. Der Wolf im Märchen, in der Sagenwelt, sogar unsere Bayerwaldbräuche könntest du da einbauen: Die Wolfauslasser, die *Krachmacher*, wie du sie nennst, die könnten deine Schüler dabei studieren, oder noch besser, schick doch ein P-Seminar zwei Tage als Wolfauslassertruppe durch unsere Stadt und lasse sie ihre Erlebnisse dokumentieren. Das wär doch was, da hätten sie wirklich was zu berichten."

Max schaute Eva von der Seite her an und wartete auf ihre Reaktion. Er wusste, dass Eva die Wolfauslasser nicht mochte, diese wilden Haufen, die mit dem bis ins Mark dringenden Scheppern ihrer riesigen Glocken und mit dem scharfen, an Gewehrfeuer erinnernden rhythmischen Knallen der Droscherer, ihrer Peitschen, an den Abenden vor Martini durch die Dörfer und in die Stadt zogen.

Erst hatte Eva so reagiert, wie Max es erwartet hatte und ihr Gesicht verzogen, doch dann hatte sie zu lächeln begonnen und Max konnte erkennen, wie die Idee mit den Wolfauslassern seine Gattin zu interessieren begann.

„Gar nicht schlecht, Esterl", schmunzelte Eva, „so viel Ideenreichtum hab ich von Ihnen als ehemaligem Beamten nicht erwartet. Sie können sich setzen. Die gute Mitarbeitsnote trage ich später nach, wenn Sie meinen Schülern den komischen Spruch beigebracht haben, den die Chefs von den Wolfauslassern immer im tiefsten Bayerwaldidiom von sich geben."

Eva war zwar in München geboren und auch aufgewachsen, das Bairische war ihr geläufig, sie selber aber sprach weitgehend Hochdeutsch. Der noch ziemlich intakte und für sie sehr altertümlich anmutende Dialekt der Waidler, wie die Einwohner des Landstrichs entlang der tschechischen Grenze sich nannten, gab ihr manche Rätsel auf.

„Den Hirtaspruch, ich weiß nicht, ob ich den noch ganz zusammenbringe, da muss ich spekulieren die nächsten Tage. Bekomm ich dann wieder eine gute Note, oder wird mehr daraus?" Max sah Eva erwartungsvoll an.

„Wenn du den Spruch weißt, gibt's am Sonntag Schweinsbraten."

Evas Schweinsbraten mit Reiberknödeln war um Längen besser als ein Deutsch-Einser. Max nahm sich vor, einen seiner alten Freunde aus den Dörfern rund um Zwiesel zu befragen, die konnten den Spruch bestimmt besser als er, der in seiner Kindheit nur immer ein Mitläufer, niemals aber der Hirta oder einer der Peitschenknaller mit den Droscherern gewesen war.

Kurz nach dieser Unterhaltung war Eva zur Arbeit ins Gymnasium aufgebrochen, Max hatte seine häuslichen

Aufgaben erledigt und dabei Lust auf einen kleinen Spaziergang bekommen. Das Wetter war zwar nicht gerade einladend, vom Wohnzimmerfenster aus sah Max Esterl, dass dichte Regenwolken den Hennenkobel verhüllt hatten, aber noch regnete es nicht und für den Notfall hatte Max einen dicht gefilzten Hut und eine Regenjacke dabei.

Der Parkplatz an der Kaisersteigloipe hinter Rabenstein war natürlich leer. Keiner wollte bei dem zu erwartenden Sauwetter draußen sein.

Max Esterl zog seinen wetterfesten Hut tief ins Gesicht und marschierte los. Wenigstens eine halbe Stunde wenn er in der frischen Luft verbrachte, das reichte schon für den Vormittag. Der Ex-Kommissar wandte sich nach links und nahm den Forstweg, der den Mühlbach entlang nach oben führte. Immer wieder, wenn Max hier hinauf ging, war er fasziniert von dem Bächlein, das sich, eingezwängt zwischen einem Berghang und dem Forstweg, in vielen kleinen Schnellen über glattgeschliffene Steine seinen Weg nach unten bahnte. Nach etwa fünfhundert Metern, Max überlegte gerade, ob er nach halblinks abbiegen und Richtung Althütte, einen gewüsteten Glasmacherort, oder um den Hengstberg herum wieder zum Parkplatz zurückgehen sollte, störte der Klingelton seines Handys seine Gedanken. Max blieb stehen, ärgerte sich darüber, dass er das Gerät gegen seine Gewohnheit überhaupt eingesteckt hatte, und nestelte es mühselig aus seiner Jackentasche.

„Max Esterl, guten Morgen."

Es meldete sich eine Stimme, die Max Esterl schon lange nicht mehr gehört hatte.

„Ich bin´s, der Rudi, kennst mich noch, Maxe?"

„Kruminale!", ertönte der Leib- und Magenfluch des Ex-Kommissars durch den Wald. „Der Hasensperl Rudi, ja natürlich kenn ich dich noch, wer könnte einen Gauner wie dich je vergessen. Bist noch im Dienst oder ham´s dich schon in die Rente geschickt?"

„Bin noch im Dienst, immer noch in der gleichen Abteilung, beim Staatsschutz."

„Und was verschafft mir die Ehre? Du rufst doch nicht einfach an, um dich zu erkundigen, wie es mir geht? Oder willst du dein uraltes Versprechen wahrmachen und mich in der Waldeinsamkeit besuchen?"

Max hatte in seiner Münchener Berufszeit zwei-, dreimal mit dem Rudi zu tun gehabt, die beiden hatten sich geschätzt und als sie zufällig herausbekommen hatten, dass ihre familiären Wurzeln in nahezu der gleichen Gegend lagen, hatte sich fast so etwas wie eine Freundschaft zwischen ihnen entwickelt. Maurenzen, wo die Ursprünge von Rudis Familie waren, lag keine dreißig Kilometer von Zwiesel entfernt im Böhmerwald.

„Genau das möchte ich, Max, ich hab für ein paar Tage frei, und da möchte ich gern zurück in die alte Heimat, zum Wandern mit dir, wenn du Zeit hast. Ihr habt doch ständig so wunderschöne Herbsttage bei euch im Wald."

Mit einem Blick hinauf in den wolkenverhangenen, Schnürlregen tröpfelnden Himmel antwortete Max: „Ja, ausschließlich wunderschöne Herbsttage haben wir, keinen Nebel, nur Sonne. Kruminale, Rudi, das ist die Reklameseite! Ich bin grad draußen, Rudi, und wenn ich weiter mit dir telefoniere, dann ist mein Handy so nass, dass es seinen Geist aufgibt. Kann ich dich zurückrufen, wenn ich wieder daheim bin, der Empfang hier ist eh nicht besonders."

„Ja, ich hör´s. Ihr lebt ja immer noch im Funkloch, dahinten im tiefen Böhmerwald. ICH ruf DICH an, sagen wir in zwei Stunden."

„Ist gut, Rudi, in zwei Stunden."

Was der Rudi wohl wollte? Dass der hier Urlaub machen wollte, konnte Max nicht recht glauben, der Rudi war, wie viele Münchner, so sehr auf Südtirol oder den Gardasee fixiert, dass etwas anderes für ihn kaum in Frage kam. Egal, es war schön, dass der alte Bekannte noch an ihn dachte.

Kapitel 2: Auf den Spuren der alten Pascher

Max Esterl hatte die nassen Sachen neben dem Kachelofen ausgebreitet, seine wenigen Haare mit einem Handtuch trockengewuschelt und sich mit der neuen Kaffeemaschine eine Tasse des braunen Glückspenders gebraut. Äthiopien war diesmal dran. Jede Woche probierte Max eine andere Sorte aus dem Angebot der kleinen Zwieseler Kaffeerösterei. Kaum hatte er sich´s in seinem Lesesessel neben dem Regal mit seiner umfangreichen Sammlung von Romanen und Erzählungen des Böhmerwaldschriftstellers Karl Klostermann gemütlich gemacht, da ertönte auch schon die Melodie des Esterlschen Telefons: *I shot the Sheriff*. Diese Melodie hatte seine Nichte Anna, die seit dem Tod ihrer Eltern vor vielen Jahren die Ziehtochter der Esterls war, ihrem Onkel einprogrammieren müssen.

„Max Esterl. Ja, Rudi, jetzt können wir sprechen, jetzt sitze ich im Trockenen. Also, auf Wanderschaft möchtest gehen, mit mir? Das können wir schon machen."

Der Ex-Kollege vom Staatsschutz erzählte dem Ex-Kommissar, dass er, vor seiner Pensionierung im nächsten Jahr, noch jede Menge Resturlaub abzufeiern habe, dass er zum Geburtstag ein Buch über die Schmuggler im Böhmerwald geschenkt bekommen habe, das von einer Zwieseler Autorin stamme, auf den Namen komme er jetzt gerade nicht, aber der falle ihm bestimmt gleich wieder ein, und dass er sich jetzt auf die Spuren dieser Schmuggler oder Pascher begeben wolle.

„Da möchte ich auch ein wenig die alte Heimat meiner Vorfahren kennenlernen, ich hab noch die Erzählungen meiner Eltern in den Ohren. Kennst Maurenzen? Von dort stammt mein Vater. Da soll eine Kirche mit wunderschönen mittelalterlichen Fresken sein, davon hat er immer wieder gesprochen. Meine Mutter kommt aus Hurkenthal, Hurka heißt das jetzt. Sie hat mir oft erzählt, wie ihr Vater, mein Großvater, gepascht hat, von Bayern herüber. Ein Pascher war er, ein Schmuggler. Und ich gehör zu den obersten Schmugglerbekämpfern in Bayern, das passt doch einmalig, Max. Die alten Pascherwege möchte ich erkunden. Von Zwiesel nach Hurkenthal gehen, in einer Nacht. Über den Osser hinüber bis Hammern im Angeltal bei Mondschein. Das ist alles so toll in diesem Pascherbuch beschrieben. Bist du noch am Apparat?“

Max hatte die ganze Zeit schmunzelnd zugehört.

„In der Nacht möchte ich´s eher nicht gehen, die Strecke von Zwiesel nach Hurka und schon gar nicht die vom Osser runter. Aber bei Tag und mit einer kleinen Unterstützung durch meine Frau Eva, die uns am Morgen mit dem Auto nach Lam oder Buchenau bringen und am Abend im Kollerhof in Hammern oder im Gasthaus von Neuhurkenthal wieder abholen wird, lass ich mir das eingehen. Dann sind es sowieso jeweils noch immer mehr als vier Stunden Fußmarsch. Das langt für uns alte Heinter (Gäule). Die Autorin des Buches über die Pascher kenne ich übrigens auch. Marita Haller heißt sie, sie wohnt fast in unserer Nachbarschaft und wenn du willst, kann ich mit ihr ein

Treffen ausmachen. Die kann dir bestimmt alle deine Fragen zu den Schmugglern beantworten, die ist eine Expertin."

„Das wär natürlich super, Max. Ich bin doch auch irgendwie ein Schmugglerexperte. Da hätte ich schon einige Fragen."

„Also, ausgemacht. Maurenzen, den Osser, die alte Schmugglerroute nach Hurkenthal und die Haller Marita möchtest du kennenlernen, mei Liaba, da hast du dir aber ein schneidiges Programm ausgesucht. Ich bin dabei, Rudi!"

„Wunderbar, Max! Da werden die fünf Tage, die ich Zeit habe, kaum reichen, oder?"

„Locker, Rudi, locker reichen die. Für den Osser und den Weg nach Hurkenthal brauchen wir jeweils einen Tag, Maurenzen erledigen wir an einem Nachmittag und für das Gespräch mit der Hallerin ist an einem der Abende Zeit, das passt schon.

Und wo wohnst? Soll ich dir was besorgen?" Max wollte seinem Ex-Kollegen schon das kleine Einliegerappartement anbieten, in dem ihre Nichte Anna wohnte. Anna studierte in Passau und kam nicht jedes Wochenende heim.

„Ich werd selber was reservieren lassen. Im Glashotel. Das schaut recht gut aus im Internet."

„Das ist auch gut. Und nicht weit von unserem Haus entfernt." Max wunderte sich. Der Rudi war ihm noch als alter Knicker bekannt. Dass der sich ein gutes Hotel leistete.

Andererseits war Max aber auch erleichtert. Wieder einmal hätte er seiner Eva erklären müssen, dass er einen Fremden einquartiert hatte, ohne sie zu fragen.

„Und wann kommst?"

„Für nächste Woche habe ich gebucht, der Wetterbericht ist günstig, ein Hoch zeichnet sich ab. Hast Zeit nächste Woche?"

„Ich? Als Pensionist? Immer."

„Also, ausgemacht. Ich melde mich bei dir, wenn ich in Zwiesel bin."

Max Esterl hatte das Telefon aufgelegt und starrte eine Weile vor sich hin.

Der Rudi, der immer so ein Spesenritter gewesen war, logierte jetzt im gediegenen Glashotel. Kruminale! Was war denn mit dem passiert? Aber eigentlich freute sich Max auf den Besuch und auf das, was der Rudi über die alten Bekannten aus der früheren Berufstätigkeit in München zu erzählen haben würde.

I shot the Sheriff, schon wieder. „Max Esterl, Grüß Gott." Die Stimme des Pensionisten Max Esterl klang ein wenig gehetzt. Kruminale! So ein Stress für einen Pensionisten! Schon der zweite Anruf innerhalb einer Stunde.

Kapitel 3: Emmas Verschwinden

„Ja, Max, I bin´s, der Ludwig.“

Ludwig Rindl, der Schulfreund aus Kindertagen, vor kurzem in Pension gegangener Polizeichef des Nachbarortes Regen war dran, das konnte eigentlich nichts Gutes bedeuten. In den Jahren seit seiner Pensionierung hatte Max seinem Schulkameraden entscheidend geholfen, einige schwierige Kriminalfälle zu lösen. Die Meriten hatte stets der dienstgeile Ludwig eingeheimst, Max war im Hintergrund geblieben. Er hatte zwar nichts Positives über den Neu-Ruheständler gehört, aber vielleicht, so überlegte Max, hatte sich doch Einiges seit Ludwigs Ruhestand geändert und man konnte wieder normal, also außerdienstlich mit ihm verkehren.

Zunächst hörte sich das, was der Ludwig Rindl seinem Ex-Schulfreund und Ex-Polizeikollegen mitzuteilen hatte, auch ganz privat an:

„Max, du kennst doch die Emma, meine Enkeltochter.“

„Ja klar, die Hübsche, die beim Nationalpark als Grösserlgendarm arbeitet.“

Max glaubte, dass sein alter Freund sich über diesen Ausdruck, mit dem die Einheimischen die Nationalpark-Ranger bezeichneten, ein wenig ärgern würde, aber dieser zeigte keine Reaktion. Seit Emma als Rangerin arbeitete, war ihr Opa, der vorher dem Nationalpark ebenso kritisch wie viele seiner Altersgenossen gegenüberstand, zu einem glühenden Verfechter der *Natur Natur sein lassen*-Idee geworden. Wenn seinen Stammtischbrüdern vom Edeka-Supermarkt langweilig wurde und sie mit der Kommunalpolitik durch waren, dann begannen sie über den Nationalpark Bayerischer Wald zu lästern und erreichten damit in Sekundenschnelle, dass Ludwigs Halsschlagadern dick wurden wie Feuerwehrschläuche und sein Kopf röter wurde als die holländischen Wassertomaten, die 30 Meter weiter im Gemüseregal des Supermarkts vor sich hinvegetierten. Heute aber ließ sich Rindl von nichts ablenken:

„Ja, genau, das ist Emma. Hübsch und gescheit, eine echte Rindl eben. Aber, Max, ich mach mir große Sorgen wegen Emma."

„Was ist denn mit ihr? Haben die Wölfe sie angegriffen?", bemerkte Max zur Gaudi. Damit löste er aber beim Ludwig einen wahren Redeschwall aus.

„Fang du nicht auch noch damit an mit den depperten Wölfen. Als ob die einem erwachsenen Menschen etwas täten, die Wölfe sind bestimmt nicht daran schuld, dass Emma jetzt schon seit zwei Tagen nicht mehr heimgekommen ist. Meine Frau, die Ida, macht sich solche Sorgen." Hier machte Rindl eine längere Pause. „Und ich kann mittlerweile auch an nichts anderes mehr denken."

„Und was soll ich da machen? Du warst doch selber bei der Polizei und weißt, was da zu tun ist."

„Ja, schon, aber...", Ludwig druckste herum, „die Emma hat doch seit einigen Wochen einen Freund, einen Tschechen. Wir haben es ihr ja eh auszureden versucht. Einen T s c h e c h e n!"

Max hätte seinen Schulfreund dergatzen können. Der Tscheche war wohl nicht gut genug für die Emma.

„Noch einmal: Was soll ich da tun? Du wirst doch nicht glauben, dass ich…? Einige meiner besten Freunde sind Tschechen, meine Nichte Anna ist ebenfalls beisammen mit einem und ich würde jederzeit einen Tschechen, äh eine Tschechin heiraten, wenn ich eine lieben würde." Schnell setzte Max hinzu: „Und wenn es nicht schon Eva gäbe."

Max hörte deutlich, wie der Rindl schluckte und sich räusperte. „Ja, schon, aber trotzdem: Es hat Krach gegeben deshalb bei ihr daheim mit ihrer Mutter, eine ziemliche Gaudi war das, und die Emma ist davon mit ihrem Auto, am späten Abend, und wir wissen nicht, ob die Emma, ob die nicht zu dem Vaclav rüber ist. So heißt der Tschech angeblich. Seit zwei Tagen haben wir nichts mehr von ihr gehört, ihr Handy ist ausgeschaltet. Nichts. Jetzt hab ich an dich gedacht, Max, weil du doch so gute Verbindungen nach drüben hast. Kannst du da nicht helfen, diesen Vaclav zu finden? Du kennst doch die Mama von der Emma, meine Tochter. Seit zwei Tagen plärrt sie nur noch. Jetzt möchte sie zur Polizei gehen und nach Emma suchen lassen. Zur Polizei! Stell dir vor, die Schande. Das macht doch sofort die Runde und unsere Familie muss sich in Grund und Boden schämen. Was werden die früheren Kollegen dazu sagen? Die Enkelin ihres Chefs! Die Schande."

Max hatte genug: „Wegen der Schande helf ich dir nicht, Ludwig Rindl, denn das ist keine Schande, einen

Menschen zu lieben. Wegen der Emma helf ich dir. Nur wegen ihr. Wo ist dieser Vaclav her?"

„Na, aus Tschechien, hab ich doch gesagt."

„Geht's nicht ein wenig genauer?"

„Ort? Weiß ich doch keinen. Irgendein Ortsname mit –ice hinten dran."

„Hinten dran mit –ice. Super. Jedes zweite Dorf in Böhmen hat ein –ice hinten dran." Max zählte auf: „Velhartice, Hartmanice, Petrovice, Žichovice, Netolice, Sušice, Prachatice, sogar Budweis, Budejovice. Mehr fallen mir grad nicht ein. Such dir eins aus! Und er heißt Vaclav, Wenzel. Der Name ist wahrscheinlich jedes Jahr dabei bei der Statistik der 5 beliebtesten Vornamen in unserem Nachbarland. Der Wenzelstag ist drüben sogar ein Feiertag. Das ist, wie wenn du bei uns einen Anton oder einen Hans aus –dorf suchen würdest."

„Ich, wir ... wissen nur, dass dieser Vaclav bei der Nationalparkverwaltung Böhmerwald arbeitet. Ebenfalls als Ranger, wie die Emma. So haben die zwei sich auch kennengelernt."

„Sag's doch gleich. Vaclav von der Nationalparkverwaltung Šumava. Damit kann man etwas anfangen. Ich ruf den Holub Pepi an."

Der Josef, vulgo Pepi Holub, Esterls Freund und Oberst bei der Tschechischen Kripo, war auch dem Rindl bekannt. Holub hatte Max Esterl schon oft bei der Lösung kniffliger Fälle unterstützt. Ein Anruf bei Pepi würde dem Vaclav bald einen Nachnamen sowie einen Heimatort auf -ice zuordnen.

„Morgen, naja, übermorgen weißt du Bescheid über den Vaclav aus –ice. Und dann würde ich euch, dir und deiner Familie, raten, diesen Vaclav zu besuchen und sich mit ihm bekannt zu machen. Emma wird bestimmt hocherfreut sein und danach habt ihr sie wieder. Und einen Tschechen bekommt ihr noch dazu. Ob´s euch passt oder nicht." Max bemühte sich nicht, seine Verärgerung ob der Borniertheit dieser Rindl-Sippschaft zu verbergen.

***

Pepi Holub freute sich, wieder einmal etwas von seinem alten bayerischen *Kamrad* zu hören. Die Suche nach dem Vaclav erwies sich als einfach, der Nationalpark Šumava hatte zwei *Wenzeln* auf seiner Lohnliste, der eine aus Hartman-, der andere aus Nezdice. Da der Letztere 58 Jahre alt, verheiratet war und drei Kinder hatte, konnte man davon ausgehen, so meinte Pepi, dass der Gesuchte ein gewisser Vaclav Rankl aus Hartmanice war, 29, ledig.

Nun waren sie also in Esterls Familienkutsche unterwegs nach Hartmanice im Böhmerwald, um Emma zu suchen. Die Adresse von Vaclav Rankl hatten sie von Pepi Holub bekommen, auch eine Telefonnummer. Rindl aber wollte den Tschechen nicht „vorwarnen", wie er sagte, er wollte ihm „direkt ins Gesicht sagen", dass die Affäre mit seiner Enkelin keinen Sinn habe. Max hatte schon überlegt, ob er unter diesen Umständen überhaupt mitfahren solle. Die überpeinliche Situation mit dem armen Vaclav und mit der noch ärmeren Emma konnte er sich ersparen. Der Rindl war so ein Hosenscheißer geblieben, wie damals in der Schule: Allein traute er sich nicht, trotzdem würde er dann mit Max Esterl im Rücken groß rumschreien.

Aber seine Frau Eva hatte Max bestärkt: „Da musst du mit!“, hatte sie gedrängt. „Du musst den Rindl runterbremsen, das kann doch nicht sein, dass sich der aufführt wie die Motorsäge im Nationalpark. Die Emma ist eine erwachsene junge Frau, die hat das Recht, ihr Leben selber zu bestimmen. Die war dir doch immer sympathisch, die ist dir von den Rindls immer die liebste gewesen.“

„Ja, und hübsch ist sie auch“, war die Antwort vom Max. Eva überdrehte die Augen. Das war wieder einmal typisch Max Esterl.

„Hübsch ist sie auch“, äffte sie nach. „Das ist für euch Männer das Wichtigste.“

Kapitel 4: Vaclav aus -ice

Schon als sie in Eisenstein über die Grenze fuhren, merkte Max, dass sein Beifahrer immer nervöser wurde. Ob ihm schön langsam klar wurde, was ihn erwartete? Konnte er der Emma in Hartmanice befehlen, ins Auto einzusteigen und mitzufahren? Freilich war es seltsam von ihr gewesen, dass sie so einfach nach Tschechien abgehauen war, ohne irgendeine Nachricht zu hinterlassen. Auch bei ihrem Arbeitgeber, dem Nationalpark hatte sie sich nicht abgemeldet. Das sah auch Max Esterl so. Aber andererseits konnte Max die junge Frau wirklich verstehen. Sie wollte frei entscheiden. In dem Klima, das vermutlich in dieser Familie herrschte, war dies sicher nicht möglich. Das hatte schließlich zur Trotzreaktion geführt.

Max war so in seine Gedanken versunken, dass er fast die Stelle übersehen hätte, wo die Straße in den Nationalpark Šumava abzweigte. Ab jetzt wollte er besser aufpassen. Die Nationalparkstraße von hier nach Hartmanice zählte zu den Lieblingsstrecken des Ex-Kommissars. Sie führte durch fast menschenleeres Gebiet über eine Hochebene, deren raue Schönheit an Skandinavien oder an Kanada erinnerte. Das Wetter war noch spätherbstlich klar, die Straße dort verlief seit Maria Theresiens Zeiten schnurzengerade, sodass Max seine Blicke schweifen lassen konnte. Die Sonne war gerade aufgegangen, die beiden waren sehr früh aufgebrochen, da sie vermuteten, das Liebespaar morgens am ehesten anzutreffen.

Während er gemächlich dahinfuhr, schaute Max über die weiten, braunen Weideflächen, die seit dem 2. Weltkrieg nur noch sehr extensiv genutzt wurden und in denen man an den uralten Obstbauminseln die Standorte der Höfe erkennen konnte, die nach dem Krieg gewüstet worden waren. Diese Weidelandschaft ging über in sanft ansteigende, von Birken und Erlen besetzte Hänge. Schließlich zogen die Grenzberge den Rahmen des Bildes: Von rechts, vom Lakaberg, dem tschechischen Bruder des Falkensteins, breitete sich eine fast endlose Reihe von Gipfeln bis hinunter zum Rachel, der von der anderen, der böhmischen Seite her fast genauso majestätisch aussah wie von der bayerischen. Ein wenig Schneezucker hatte die Berge überzogen, die vom Borkenkäfer kahlgefressenen Stellen leuchteten unter den ersten Sonnenstrahlen weiß inmitten des vorherrschenden grau-blauen Grundtones der unendlichen Wälder. Wunderbar! Aber: Max musste sich wieder auf´s Fahren konzentrieren. Ab Nova Hurka, Neuhurkenthal, war die Straße so hinterleitig, dass man schon mit einem tückischen Glatteis rechnen musste.

Jetzt hatten die beiden die Straßenbiegung erreicht, an deren rechter Seite ein stattliches Gasthaus, die Chata Rovina stand. Dieses Gasthaus hatte jahrhundertelang als Station gedient, an der man die Pferde wechselte, die auf ihrem Weg von Sušice herauf in den Böhmerwald so kräftig hatten anziehen müssen, dass sie erschöpft waren. Noch vor Jahren schien dieses Haus dem Verfall preisgegeben. Eine tatkräftige Familie hatte es jedoch gekauft, renoviert und das Gasthaus wiedereröffnet.

Max, der den erbärmlichen Zustand der alten Bruchbude gekannt hatte, freute sich jedes Mal, wenn er hier vorbeifuhr oder auf seinem Weg zum nahegelegenen Guntherfelsen hier einkehrte.

Nach der Straßenbiegung sahen sie rechter Hand den Wegweiser zum nur 200 Meter entfernten Guntherort Gutwasser, Dobra Voda, dann bot sich ihnen ein faszinierender Ausblick hinunter ins Böhmische, das sich weit vor ihnen ausbreitete. Max wollte schon seinen Beifahrer darauf aufmerksam machen und er dachte auch, dieser würde die fantastische Aussicht genießen, als er hörte, er solle bitte da mal rechts ranfahren und halten.

„Gell, möchst auch ein wenig schauen. Es ist schon herrlich!"

„Naa, i muaß bieseln", lautete die Antwort, die Max rasch in die Realität zurückholte. „Der Frühstückskaffee."

Kurze Zeit danach hatten die beiden das Städtchen Hartmanice erreicht, das auf halber Höhe zwischen den Böhmerwaldbergen und dem Flusstal der Otava liegt. Sein Auto parkte Max Esterl auf dem Dorfplatz, direkt unter der Linde, neben einer Nepomukstatue. Beim Aussteigen schaute Max Esterl auf den Heiligen, dessen Strahlenkranz offenbar erst vor kurzem schön erneuert worden war. Der Nepomuk müsste jetzt helfen, dachte Max bei sich, der war doch ein Spezialist für deutsch-böhmische Probleme. Allerdings erinnerte Max sich auch daran, dass dieser Heilige die Streitereien damals nicht überlebt hatte. Er musste lächeln:

So weit würde es bei der Emma ja doch nicht kommen. Jetzt glaubte Max auch, dass es gut gewesen war, mit Ludwig mitzufahren.

Der Holub Pepi hatte ihnen die Adresse des Vaclav verraten und so standen die zwei Alten nach kurzer Suche vor der Tür einer Wohnung im zweiten Stock eines Plattenbaus, eines Relikts aus der sozialistischen Zeit.

Überraschung zeigte sich auf dem Gesicht des jungen Mannes, der die Tür öffnete. Auf den ersten Blick fand Max sein Gesicht und seine Erscheinung nicht unsympathisch. Unrasiert, verstrubbelte Haare, grauer, abgetragener Trainingsanzug, die Augen jedoch schauten zwar überrascht, aber offen.

„Prosim?"

„Sprechen Sie Deutsch, Herr...äh...Rankl? Sie sind doch Herr Vaclav Rankl?" Ludwig Rindl hatte, so wie sein Freund Max es ihm geraten hatte, seinen verbindlichsten Ton angeschlagen. „Egal wie", hatte Max ihm auf der Herfahrt noch eingeschärft, „mit Anklagen und Vorwürfen kommst du nicht weiter. Schau ihn doch erst an, gib ihm eine Chance. Mach es Emma zuliebe."

„Ano, Vaclav Rankl mein Name." Während der Tscheche noch „was wollän Sie?" fragte, erkannte er, was der Besuch zu bedeuten hatte.

„Sie sind Großvatr von Emma? Hat mir schon rrzählt. Gutr Mann, hat gsagt. Polizei, odr?" Ludwigs Miene wurde gleich eine Spur freundlicher. Max kannte kaum einen Menschen, dem Lob und Anerkennung wichtiger waren als ihm.

Vaclav fuhr fort: „Was wollän? Was ist mit Emma? Konec? Äh, hat Muttr von Emma Schluss gemacht? Wir liebän uns.“ Ludwigs Blick wurde wieder eine Spur finsterer.

„Wo ist Emma?“ Das war für ihn im Moment die wichtigste Frage. „Ist sie nicht da? Hier bei Ihnen?“

Max Esterl war es gewohnt, Menschen beim Verhör genau zu beobachten. Die Reaktion, die der Junge zeigte, erschien ihm nicht gespielt, der Wenzel war wirklich überrascht.

Ludwig Rindl war ebenso überrascht. Er hatte damit gerechnet, dass Emma bei dem Tschechen war und hatte sich darauf eingestellt, dass er den beiden eine Szene machen würde oder zumindest Emma auftragen würde, den Kontakt mit ihrer Mutter wieder aufzunehmen, doch jetzt sah alles total anders aus. Ganz traute er dem Tschechen allerdings nicht. „Können wir, …können wir hereinkommen, zu Ihnen in die Wohnung?“

Max befürchtete schon, der Ludwig würde eine Hausdurchsuchung vornehmen, aber Vaclav war ein gescheiter Mensch, und er hatte offenbar nichts zu verbergen.

„Entschuldigung, dass ich Sie nicht habä gebätän. War so ibrrascht von Ihräm Bäsuch…“.

Die Wohnung vom Vaclav war klein. Nichts deutete auf Emmas Anwesenheit hin. Im nun folgenden Gespräch beteuerte Vaclav, dass er seit Tagen keinen Kontakt mehr mit Emma habe und deswegen schon beunruhigt sei. Auch an ihr Handy gehe sie nicht ran.

Er habe aber vermutet, dass ihre Mutter dahinter stehe. Er habe sich bei den deutschen Nationalparkkollegen nach Emma erkundigt und eine ausweichende Antwort bekommen. Heute habe er sich frei genommen, um nach Bayern zu fahren und dort nachzuforschen. Sogar einen Besuch bei ihr zu Hause habe er schon in Erwägung gezogen, obwohl er wisse, dass er bei ihrer Mutter nicht willkommen sei.

Ludwig und Max schauten sich an. Wenn die Emma nicht beim Rankl war, wo war sie dann? Spielte der Rankl doch falsch? Das hielt zumindest Max Esterl für eher unwahrscheinlich. War Emma abgehauen? Das passte überhaupt nicht zu ihr.

Max Esterl hatte auch schon daran gedacht, aber Ludwig Rindl sprach es als erster aus: „Die Wölfe. Glaubst, dass da doch etwas gewesen sein könnte? Sie war doch immer oben, in den Hochlagen. Und immer allein unterwegs.“

Der Nationalparkranger Rankl antwortete so, wie sein Arbeitgeber es seit Tagen für die Öffentlichkeit gebetsmühlenartig wiederholte: „Nä. Wolf frisst nicht Mänsch. Braucht keinr Angst habän.“

„Aber warum ist sie dann verschwunden, die Emma? Was soll ich ihrer Mutter erzählen? Ich selber mache mir jetzt noch mehr Sorgen. Große Sorgen!“

„Ihr müsst schleunigst zur Polizei, Ludwig. Ob ihr wollt oder nicht. Da gibt es keine falsche Scham mehr.“

Beim Heimfahren schaute keiner von den beiden mehr auf die Schönheiten der Landschaft.

Wo war Emma?

Kapitel 5: “Rangerin von Wölfen zerfleischt?“

„Max, hasd Zeit auf an kleinen Schmaatz, wie ihr Waldler sagt?“

Max Esterl grinste, während er den Telefonhörer unters Kinn klemmte und sich seinen bequemen Ohrensessel zurechtschob.

„Für dich hab ich immer Zeit, Anke, was gibt´s denn, dass du mich schon in aller Herrgottsfrüh anrufst?“ Mit Anke Brandt, der Anruferin, Polizeiwachtmeisterin z.A. und seit kurzer Zeit fest bei der Polizeiinspektion Zwiesel, verband Max Esterl seit ihrem gemeinsamen Fall mit der Mumienkammer, eine besondere Freundschaft. Max mochte die frische und zupackende Art der Unterfränkin und er liebte, seit er als junger Beamter einmal ein halbes Jahr in Würzburg Dienst geschoben hatte, auch den frängischen Dialekt mit seinen weichen Verschlusslauten.

„Ihr Bensionisden habt´s leicht. Ich bin jedzd schon seid fünf Stunden im Diensd, in der Frühschichd. Hab exdra gward midm Anruf, bis du aus den Federn bisd.“

Max war zwar auch schon seit einiger Zeit auf den Beinen, er stand aus alter Gewohnheit früh auf und machte das Frühstück für seine Frau und für sich, aber er tat Anke den Gefallen und jammerte darüber, wie schlecht es doch den Ruheständlern ging, die auch jetzt noch, und zwar zu eigentlich nächtlicher Zeit von ehemaligen Kolleginnen belästigt würden. Dabei war Max in Wirklichkeit schon ganz neugierig, zu erfahren, was mit Emma los sei. Dass Anke wirklich nur auf einen kleinen Schwatz aus war, konnte sich Max nicht vorstellen, es konnte also nur um das Verschwinden der Rangerin gehen und um den Besuch von Ludwig und Max bei ihrem Freund in Hartmanice.

Anke wurde dann auch gleich ernst:

„Max, du warst doch, nach den Aussagen vom Rindl, dabei, als ihr den Freund von der Emma in Hartmanitsche besucht habt." Emma sprach das tschechische „c" so aus, wie das „c" im Italienischen.

Max korrigierte „Hartmanice". „Sach ich doch, Hartmanitsche." Max schwieg. „Und da wollt ich deine Meinung hören: Was hältst du von dem Vatschlav, dem Freund von der Emma."

„Va-c-lav heißt der, Vaclav, Anke. Ich sag dir´s nur, weil ich will, dass du dich nicht blamierst vor den Tschechen, nicht weil ich auf meine alten Tage so ein Pedant geworden bin. Ein **C** im Tschechischen ist im Deutschen ein stimmloses **Z**. Ein **Z** dagegen spricht man, wie das stimmhafte **S** im Deutschen. Aber das kann sowieso kein Franke und auch kein Bayer sprechen. Für ein **Tsch** brauchst du schon einen Hakl oben auf dem **C**. Nicht so einfach, oder? Geh doch mal zur VHS, die bieten jedes Jahr Tschechischkurse an, da hab ich auch reingeschnuppert."

„Also noch mal", unterbrach Anke die Belehrungen ihres Ex-Kollegen. „Was war dein Eindruck vom Va-c-lav. Ist er glaubhaft? Der Rindl hatte da einige Zweifel."

„Ach, der Ludwig mit seinem Misstrauen gegen alle Tschechen. Das ist ja schon ein wenig zwanghaft. Ich halte den Vaclav für einen anständigen jungen Mann.

Der Rindl-Clan soll froh sein, dass die Emma so einen kriegt.

Die Emma! Ich fürchte aber, dass ihr irgendetwas zugestoßen ist, nichts deutet darauf hin, dass sie mit jemandem Krach gehabt hat, Selbsttötung ist auch nahezu ausgeschlossen, die kann sich doch nicht in Luft aufgelöst haben. Gibt es von eurer Seite irgendwelche neuen Erkenntnisse?“

Anke war es offenbar immer noch gewohnt, den Max als einen von ihnen, als einen Polizisten anzusehen. Sie gab ihm ohne zu zögern, sämtliche Informationen, die sie hatte.

„Ihr Wagen ist in Spiegelhütte gefunden worden. Auf dem Wanderparkplatz dort werden von Leuten, die oben auf den Schachten übernachten, oft Fahrzeuge für mehrere Tage abgestellt. Da hat sich zunächst keiner Gedanken darüber gemacht. Erst gestern ist das Auto einem Nationalparkkollegen von Emma aufgefallen. Der hat das gleich an uns gemeldet. Am Wagen haben wir nichts Auffälliges gefunden. Der Versuch, über ihr Handy an sie heranzukommen, ist gescheitert, das ist wohl ganz ausgeschaltet oder kaputt. Aus ihrem Dienstplan konnten wir sehen, dass sie zuletzt oben war, in den Hochlagen an der Grenze. Aber sonst: Nichts, keine Spur. Wir denken schön langsam selber schon an die Wölfe, auch wenn wir´s nicht glauben können.“

Die Wölfe! Max konnte sich nicht vorstellen, dass sich Emma, die erfahrene Rangerin von zwei oder drei degenerierten Tierparkwölfen übertölpeln hatte lassen. Aber: Auch ihm fiel momentan sonst nichts ein, was das Verschwinden der Nationalparkmitarbeiterin erklären hätte können.

Ankes Stimme am Telefon riss Max aus seinen Gedanken. „Kauf dir heute oder morgen die Zeitung mit den Großbuchstaben. Ich hab gehört, die machen einen Aufmacher über unseren Fall. Die waren auf alle Fälle gestern hier bei uns auf der Station, haben rumgefragt und wollten dann noch weiter zu Emmas Mutter und zum Rindl. Bin gespannt, was dabei rauskommt. Ich selber hab noch keine Zeit gehabt, mir ein Exemplar zu besorgen."

Kapitel 6: Rudi Hasensperl

NATIONALPARKRANGERIN VON WÖLFEN ZERFLEISCHT? las Max Esterl, während er mit Genuss ein resches Zöpfl mit warmem Leberkäs verspeiste, das er im Eisensteiner Dorfladen erstanden hatte. Eigentlich hatte er hier nur die BILD-Zeitung kaufen wollen, aber Dienstag war im Dorfladen *Warmer Leberkastag*, und wenn Max den verführerischen Duft seiner Leibspeise witterte, war es um ihn geschehen.

Heute war Max wieder einmal nach Eisenstein gefahren, diesmal, um seinen Ex-Kollegen Rudi zu treffen, der am Tag vorher mit der Bahn gekommen und sich im Zwieseler Glashotel zum Urlaubmachen einquartiert hatte. Max hatte dem Freund geraten, am ersten Urlaubstag mit der Waldbahn nach Eisenstein zu fahren und dort einen Vormittag lang die Bahnhofstraße abzuklappern: Erst ins Bayerische Localbahnmuseum mit seinen nach Öl und Schmierfett und nach alter Zeit und altem Leder riechenden Lokomotiven und Waggongarnituren, dann in die nur wenige Meter entfernte Kunstgalerie, die man niemals in einem kleinen Ort wie Eisenstein vermuten würde und in der gerade eine Ausstellung mit Werken des großartigen Katalanen Miro lief.

Und schließlich in den Grenzbahnhof mit seinem Museum, das eigentlich ein Sammelsurium von Museen war: Ein Stockwerk war den Fledermäusen gewidmet, eines dem Naturschutz, eines dem Bau der Waldbahn vor 150 Jahren und dem Großen Arber, dem König des Bayerwaldes, eines war ein sehenswertes und liebevoll ausgestattetes Skimuseum und ganz oben, unter den hölzernen Rippen des riesigen Dachstuhls konnte man noch eine gigantische Modelleisenbahn bewundern. Hier hatte der Naturpark Bayerischer Wald, der das marode Gebäude vor Jahren übernommen hatte, ganz unglaubliche Arbeit geleistet. Am besten gefiel Max Esterl, dass der Naturpark auch noch die Bahnhofsgaststätte wiederbelebt hatte. Dieses Restaurant strahlte den Charme und die gediegene Eleganz des 19. Jahrhunderts, der K. und K.-Monarchie und gleichzeitig des Bayerischen Königreichs aus.

Rudi hatte, nachdem Max ihm das alles begeistert und in einem Zug heruntererzählt hatte, gelacht: „Max, du könntest ja glatt als Fremdenführer in Eisenstein arbeiten, so wie du schwärmst."

„Als Fremdenführer? Tourist-Guide meinst du wohl. Davon könntest du in Eisenstein keine zwei Wochen im Jahr leben. Die Gemeinde nagt am Hungertuch. Nicht einmal die größte Attraktion hier, dieser Grenzbahnhof, wird von ihr finanziell unterstützt. Man profitiert davon, aber beteiligen will man sich nicht. Einige Privatpersonen haben sich unglaublich engagiert. Die Gemeinde eher nicht."

Dieser Anflug von Bitterkeit war Max gleich danach etwas peinlich gewesen.

„Schwamm drüber, Rudi, wir können es nicht ändern. Morgen gegen Mittag warte ich auf dich im Auto am Bahnhofsplatz. Dann fahren wir nach Maurenzen. Zu deinen Ursprüngen."

So saß Max jetzt in seinem Auto und wartete am Bahnhofsvorplatz auf den Rudi.

Nach alter Gewohnheit knabberte er zuerst den aus dem Zöpfl überstehenden Leberkäs ab und biss dann erst herzhaft in das zwischen seinen Zähnen zerkrachende Zöpfl. Dieses Ritual hatte sich Max schon als junger Polizist angewöhnt, als er in München jahrelang Leberkässemmeln in seiner Stammmetzgerei verzehrt hatte. Eine Leberkässemmel ging immer. Zurück in Niederbayern war der Pensionist dann auf das noch besser schmeckende Zöpfl übergegangen.

Erst als der Ex-Kommissar den Text weiterlas, dämmerte ihm, wie gedankenlos er das Zöpfl verfuttert hatte. Seine gierigen Bisse ins Zöpfl waren genau wiedergegeben in der Schilderung der Wolfsmahlzeit durch die BILD-Redakteure. Der Leser glaubte, das Knacken und Splittern der Knochen und das Knurren der blutrünstigen Bestien zu hören, die den leblosen Körper zerfetzten. Die Fotos daneben zeigten den Tod, einen geifernden Wolf, das Maul weit aufgerissen, die Zähne fletschend sowie das Leben, Emma, jung, hübsch, im Dirndl, nur der Korb mit dem Kuchen und dem Wein für die Großmutter und das rote Käppchen fehlten.

Wenn es nicht so abgeschmackt wäre, so überlegte Max, könnte Eva den Artikel gut für ihren Deutschunterricht verwenden. Uralte Mythen fanden sich hier im neuen Gewand.

Max legte den Rest seiner Mahlzeit beiseite und schüttelte den Kopf. Jetzt taten ihm der Rindl und seine

Tochter, aber auch der Vaclav wirklich leid. Wenn die das lasen, was hier in der Zeitung stand!

Nach der Lektüre dieses Machwerks war Max eigentlich nicht mehr richtig aufgelegt für das Treffen mit seinem alten Freund Rudi. Aber das ließ sich jetzt nicht mehr ändern. Max sprang aus seinem Auto, als sich die wohlbekannte, hagere Gestalt des Ex-Kollegen vom Bahnhof her näherte.

„Servus Max, schön dich wiederzusehen, nach so langer Zeit. Hast dich überhaupt nicht verändert."

„Griasde, Rudi, du auch nicht, Kruminale! Bist immer noch die gleiche dürre Zaunlatte. Wie früher. Steig ein, auf nach Maurenzen."

Max freute sich schon, wieder einmal nach Maurenzen, das heutige Mouřenec zu kommen. Bereits mehrmals hatte er das uralte Kirchlein auf dem steilen Berg oberhalb Annin, Annathal und dem Otava-Fluss besucht, aber stets war es verschlossen gewesen und er hatte vom Kircheninneren und vom Beinhaus immer nur kleine Blicke durch die Fenster erhaschen können. Diesmal hatte er vorgesorgt. Toni Ašnbrenr, der Freund seiner Ziehtochter Anna aus dem nahegelegenen Kašperské Hory und Lehrer in Sušice hatte sich die Schlüssel besorgt.

Jetzt fuhr also Max Esterl zum zweiten Mal innerhalb kurzer Zeit Richtung Hartmanice. Diesmal allerdings war die Stimmung im Auto viel besser als damals. Bei der Ortschaft Neuhurkenthal musste Max auf Geheiß seines Beifahrers anhalten.

„Hier sind sie runter gekommen, die Schmuggler, nachdem sie die ganze Nacht durchmarschiert waren“, begann Rudi zu erzählen. „Von Zwiesel her über die Grenzberge. Mit ihrer Schwirzerlast, ihrem Schmuggelgut auf dem Buckel. Mei Liaba! Das hat sich tragen lassen. Mein Großvater hat es mir genau beschrieben.

Hast Zeit, diese oder die nächste Woche? Dann gehen wir den ersten der Schmugglerpfade. Den über den Osser, würd ich sagen. Hinunter nach Eisenstraß oder Hammern. Wenn das Wetter passt…!“

Die Orte Eisenstraß/Hojsova Straž und Hammern/Hamry kannte Max und er freute sich schon auf die Überquerung des Ossermassivs. Hoffentlich war das Schutzhaus dort oben noch geöffnet. Eine Wanderung auf den Grenzberg ohne eine Einkehr in dem überaus gastlichen Wirtshaus war für Esterl undenkbar.

Max bezweifelte allerdings, dass das Wetter noch lange herhalten würde. Die ersten Zeichen des nahenden Winters waren bereits zu erkennen. Hier in den Hochlagen begannen die Blätter schon zu fallen. Immer, wenn sie unter den uralten, knorrigen Bergahornbäumen durchfuhren, die die Straße säumten, tanzte das Laub im Sog ihres Wagens hinter ihnen her und über den Grenzbergen hielt sich gerade noch die Sonne. Wenn sie am Spätnachmittag heimfuhren, würde sie schon längst hinter dem Lakaberg und dem Falkenstein untergegangen sein.

Kapitel 7: Maurenzen

Maurenzen hatte den Rudi tief beeindruckt. Die kleine mittelalterliche Kirche hoch über dem Otava-Tal, inmitten des von einer Mauer umgrenzten Friedhofs mit den noch gut sichtbaren alten Grabaufschriften bot ein Bild des Friedens. Max und Toni Ašnbrenr merkten, dass Rudi etwas suchte. Zielgerichtet querte er den Friedhof bis an die Mauer links vom Kirchenportal, dann blieb er stehen, schaute sich um und ging geradewegs auf ein schmiedeeisernes Kreuz zu.

„Das Grab meiner Großeltern. Meine Mutter hat es mir genau beschrieben. Das hat sie am meisten bedrückt nach der Vertreibung: Dass sie dieses Grab nie mehr würde pflegen können, ja, es nicht einmal mehr besuchen konnte."

Woher der Rudi auf einmal das kleine Blumengesteck gezaubert hatte, das er aufs schon verfallene Grab legte? Max war neben ihn getreten und die beiden verweilten eine Weile im Gedenken. Die Stille hier war wohltuend. Nur von Zeit zu Zeit hörte man das Rascheln des Herbstlaubes im sanften Wind. Braunbunte Blätter bedeckten die Gräber. Das war der schönste Schmuck, den man sich vorstellen konnte.

Dann hatte ihnen Toni mit den Schlüsseln, die er besorgt hatte, die Kirche aufgeschlossen und die beiden Deutschen standen staunend und nur gelegentliche *Aahs* und *Oohs* ausseufzend vor den siebenhundert Jahre alten Fresken, die große Teile der Kirchenwände zierten.

Dem Rudi hatte es besonders der Erzengel Michael angetan, der in seiner ganzen Größe dargestellt war und lässig-elegant dastand mit seinem langen, in wunderbarem gotischen Faltenwurf zu Boden schwebenden Leinenkleid, die Flügel gebreitet, mit der Waage des letzten Gerichts in seiner Rechten. Zwei Teufelchen versuchten, die linke Waagschale hinunterzuzerren, um die Insassen den Höllenqualen auszuliefern. Die Drei mussten lachen, als sie entdeckten, dass die Muttergottes, die auf der anderen, der guten Seite des Erzengels stand, scheinbar ganz nebenbei mit einem Stock gegen die rechte Waagschale hielt und die Anstrengungen der Teufel so zunichte machte. „Ein mittelalterliches Gerichtsverfahren", schmunzelte Rudi: „Der Richter in der Mitte, auf der einen Seite die Staatsanwälte, auf der anderen die Verteidigerin. Genial!"

Etwas ähnlich Großartiges, sagte Rudi, habe er schon gesehen: In Südtirol, auch in Urschalling hoch über dem Chiemsee, aber hier, hier im Böhmerwald, hatte er so etwas niemals vermutet. Davon hatte seine Mutter gar nichts erzählt. Vom Beinhaus mit seinen grau vor sich hin modernden Menschenknochenmassen, in das sie anschließend vordrangen, hatte die Mutter dagegen oft gesprochen. Von der Scheu, die sie dort immer empfunden hatten. Schweigend standen die Drei da unten, jeder in seine eigenen Gedanken versunken und betrachteten die unzähligen Gebeine und Schädel, die hier hinter Holzverschlägen in einem apokalyptischen Durcheinander gemeinsam auf den Jüngsten Tag warteten.

Erst im Hotel Annin, im früheren Glashüttenort Annathal, wohin die beiden ihren Fremdenführer auf eine Tasse Kaffee und einen Apfelstrudel eingeladen hatten, wurde Rudi wieder gesprächig.

Ob Toni Erfahrung mit Schmugglern habe, wollte er wissen, ob er oft in den Grenzbergen unterwegs sei und ob er dort schon sonderbaren Gestalten begegnet sei. Und ob Max wisse, was aus dem Sykora geworden sei.

„Der ist euch doch entwischt, voriges Jahr, dieser Sykora, alias Vlček. Ziemliches Kaliber, wie ich gehört habe."

„Der Sykora. Kruminale! Das wurmt mich heute noch, dass uns der damals entkommen ist. Bis jetzt ist er abgetaucht, der Verbrecher."

„Ich hab´ da was läuten gehört, als ob der Sykora wieder im Land wäre. Also, nicht in unserem Land. In Tschechien natürlich. Hab´ auch so meine Kanäle."

„Rudi! Urlaub hast! Kein Wort mehr von der Arbeit!" Max lachte. Auch so einer, den sein Beruf nicht losließ.

„Überleg dir lieber, wann wir den Osser queren. Diesen Berg rüber ist auch genug gepascht worden. Eine uralte Schwirzerroute. Aber, Rudi: Wir müssen uns sputen, weil das Wetter nicht mehr lang hält. Der norwegische Wetterbericht hat nichts Gutes vorausgesagt für die nächsten Tage! Also wann?"

„Geht´s morgen?"

„Gleich morgen? Du weißt schon, mit wem du es zu tun hast? *Keine Zeit* ist der Gruß der Pensionisten. Aber ausgemacht! Ich werd´ noch mit der Eva sprechen, ob die uns nach Lam fahren kann, von dort aus können wir starten. Dann überqueren wir den Osser, gehen bis zur Bahnstation Eisenstrass und fahren mit dem Zug kommod über Eisenstein heim nach Zwiesel. Die Eva hat zwar morgen bis elf Schule, aber es reicht, wenn wir gegen Mittag am Parkplatz hinter Lam sind. Ich ruf dich an, wenn es klappt."

Kapitel 8: Volkes Meinung

Dass es Max Esterl ganz recht war, erst gegen Mittag auf den Osser zu gehen, hatte auch damit zu tun, dass er heute Abend nach Buchenau zum Fußballspielen und danach noch auf ein oder zwei Bier dort verweilen wollte.

Den SV Buchenau hatte vor etlichen Jahren das Schicksal getroffen, das viele Dorfsportvereine schon hinter sich, noch mehr Vereine aber vor sich hatten:

Der Sportverein hatte keine Fußballmannschaft mehr stellen können. Geburtenrückgang, Desinteresse der Jugendlichen, keiner wollte mehr das Wochenende für ein Auswärtsspiel opfern, man saß lieber daheim am Computer. Die Alten spielten noch so lange, bis sie auch in der untersten Klasse nicht mehr mithalten konnten und gaben dann dezimiert und deprimiert auf. Der Fußballplatz aber war da. Umsäumt von alten Buchen, mit wunderbarer Aussicht auf die vordere, der Donau zugewandte Gebirgskette des Bayerwaldes, mit dem Dorfbächlein auf der einen und einem Holzhüttlein, dem *Sporthotel*, dessen wichtigster Einrichtungsgegenstand ein riesiger Kühlschrank war, auf der anderen Seite.

Ein kleiner Kern des SV Buchenau aber, drei, vier Spieler, hatten ihrem Fußballsport die Treue gehalten, sich regelmäßig getroffen und fit gemacht. Andere Freizeitkicker waren dazugekommen und so spielten seit Jahren regelmäßig wieder etwa zwanzig Leute einmal in der Woche auf dem Sportplatz des SV Buchenau Fußball.

Wenn Max Zeit hatte kickte er mit. Und wenn er noch mehr Zeit hatte, und das war oft der Fall, dann genehmigte er sich mit seinen Fußballerfreunden noch das besagte Bierchen.

Dieses Mal war Max schon deswegen nach Buchenau gekommen, weil heute der Herbst mit einem selten schönen Tag seinen Ausstand gab. Bereits morgen sollte das Wetter sich ändern.

Die schräg stehende und nur noch sanft wärmende Sonne tauchte den Fußballplatz in ein letztes spätsommerliches Flirren, das kurz geschnittene Gras leuchtete mit den grünsten Wiesen Irlands um die Wette, die Luft war wie aus Samt. Max hätte vor Freude juchzen können, als er den Platz betrat. Zwei Stunden später saß der Ex-Kommissar erschöpft aber zufrieden mit einer Halbe Hutthurmer Bier am Spielfeldrand.

Das Spielgeschehen war schnell diskutiert und kommentiert. Einer der jüngeren Spieler, er mochte etwa das Alter der verschwundenen Emma haben, stellte die Frage, die zur Zeit alle im Zwieseler Winkel sich stellten: „Was sagt jetzt ihr zum Verschwinden der Emma? Waren es die Wölfe?"

Sofort sprang die Diskussion an:

„Einen Vater hätt´s halt gebraucht, die Emma. Aber der hat den Alten nicht derpackt damals und ist verschwunden. Der Alte, der Ludwig, hat dann das Regiment in der Familie allein übernommen. Ein strenges Regiment."

„Glaubst du, dass sie wegen ihm abgehauen ist?"

„So einen wie den Ludwig in der Familie, das hält doch keiner aus."

„Seine Frau, die Ida, die hat sicher was aushalten müssen, aber die Kleine, die hat er geliebt der Ludwig. Die hat er gehätschelt und die hat alles von ihm haben können. Die ist ihm auch immer ähnlicher geworden. Die Emma war eine ganz Strenge im Nationalpark, mein Lieber, die hat auf Ordnung geachtet".

„Ja, genau", pflichtete einer der Spieler, der aus Buchenau stammte, bei. „Stellts enk vor, i bin der Emma vor a paar Wochn, wia de guate Schwammerlzeit kemma is, im Woid begegnet, oben, Richtung Fahnenriegel. Ich han scha ganz schä was beinander ghabt in mein Körberl: Gschlochter, Zigeiner, an Haffa Rehgoiss und de erstn Stockschwamma. Servus, Emma, sag i zu ihr. Drauf sie: Wos hamma denn da drinn in den Körberl? No, sog i, wos wird ejtz da scho drinn sei? Sag i in da Gaudi Zigarettn tua r i schmuggln. Lassts ma r an net des Körberl aafmocha, des Buhorn. Und dann sagts: Schwamma suacha im Nationalparkkerngebiet, des is fei net erlaubt. De spinnt doch! Meina Lebtag han i da drobn Schwamma gsuacht, dann kimmt des Buhorn, des Rindviech, und wej mas vobiatn!"

Da selbst ein Sprecher des Bairischen Probleme mit der sehr speziellen Waidlersprach haben könnte, habe ich Dir, lieber Leser, die Mühe erspart und mir die Mühe gemacht und übersetzt:

„Stellt euch vor, ich bin der Emma vor einigen Wochen, zu Beginn der Pilzsaison, im Wald begegnet, oben, in Richtung des Berges namens Fahnenriegel. Ich hatte

schon einiges in meinem Körbchen gesammelt: Steinpilze, Hexenröhrlinge, jede Menge Pfifferlinge und die ersten Stockschwammerl. Hallo, Emma, sag ich zu ihr. Sie antwortet: Was befindet sich in dem Körbchen? Na, sag ich, was wird denn da schon drinnen sein? Dann sagte ich spaßeshalber, ich würde Zigaretten schmuggeln. Darauf ließ sie mich den Korb öffnen, das Buhorn#. Und dann sagte sie, dass das Sammeln von Pilzen im Nationalparkkerngebiet nicht erlaubt sei. Die hat sie doch nicht alle an der Waffel! Mein Leben lang habe ich dort droben Pilze gesucht, dann kam das Buhorn, das Rindvieh, und wollte mir das verbieten!"

„Das stimmt, die Emma ist eine Strenge. Die hat sich nichts mehr gefallen lassen, auch nicht vom Ludwig. Deshalb glaub ich, dass sie abgehauen ist. Da hat es bestimmt Streit gegeben zwischen ihr und dem Alten. Die Wölfe waren es auf jeden Fall nicht. Ein Rotkäppchen ist die Emma nicht."

Dieses Stichwort brachte einen der Spieler, den Ernst, auf eine gute Idee: „Apropos Rotkäppchen. Einen Rotkäppchensekt kannt man no tringa."

Max ging zum Auto bevor der Sekt aus den Tiefen des Kühlschranks im *Sporthotel* geholt wurde.

#Der Begriff „Buhorn" ist eigentlich unübersetzbar. Ein Buhorn(=Horn, das Buh macht) ist ein hornähnliches Instrument aus Glas, das die Bayerwald-Glasmacher in ihrer Freizeit fabrizieren. Es dient zum Erzeugen von Lärm, aber auch als Bezeichnung für einen irgendwie ungenießbaren Menschen.

Kapitel 9: Ossersturm

Es hatte geklappt. Eva hatte sie nach Lam gefahren zum Parkplatz, von dem aus man den Ossersattel in einer knappen Dreiviertelstunde erreichen konnte. Vom Sattel aus bot sich den beiden schon ein grandioser Blick hinunter ins Tal und, über schier endlose Waldflächen hinüber zum Arber, der sich majestätisch und unglaublich plastisch unter dem tiefblauen Herbsthimmel abzeichnete. Rudi wollte verweilen, schauen und fotografieren, aber Max drängte. „Merkst du´s nicht, Rudi? So schön das Wetter auch scheint, heut wird´s noch umschlagen. Temperatursturz, Herbststürme und Regengüsse, möglicherweise sogar Schnee in größeren Mengen. Da möchte ich nicht mehr hier heroben sein, da möchte ich schon im warmen Zug nach Železná Ruda sitzen."

„So schlimm wird´s schon nicht werden. So schnell geht´s dann doch nicht", wiegelte der Freund ab. Trotzdem packte er seine Kamera in den Rucksack und die beiden machten sich wieder auf, Richtung Osserschutzhaus.

Eine knappe Stunde später, die Mittagszeit war schon um Einiges überschritten, kamen Rudi und Max zum Gipfel des Großen Osser. Eigentlich kam nur Rudi direkt zum Gipfel. Max hatte gesehen, dass aus dem Kamin der Schutzhütte Rauch drang. Der Durst, den der Ex-Kriminaler seit einiger Zeit schon spürte, hatte über das Gipfelglück gesiegt. „Geh du nur auf den Gipfel", hatte er seinem Freund zugerufen, „ich kauf mir derweil eine Halbe beim Hüttenwirt, beim Wast."

Zu der Halben Bier war noch eine Würstlsuppe gekommen, weil der Wast heute wegen des bevorstehenden Wintereinbruchs den letzten Tag offen hatte und die Würstl weg mussten. Dann war der Rudi hereingekommen und wollte natürlich auch eine Halbe, sodass Max sich eine zweite bestellen musste, um nicht auf dem Trockenen zu sitzen. Während Max die zweite Halbe noch halb voll vor sich stehen hatte, hörte er, wie sein Freund einen tiefen Rülpser tat und beim Hüttenwirt auch noch eine Halbe bestellte. Fünfzehn Minuten später war Max schon wieder so weit: Sein Glas war leer, das des Freundes zu zwei Dritteln voll. Ein Blickkontakt zum hinter der Schank stehenden Wirt genügte.

Als dieser die dritte Halbe für Max auf den Tisch stellte, warnte er: „Bouma, touts enk um, s´Weda schlogt um. I moi, heit schneibts no."

„Was hast du gesagt?", für den Rudi als gebürtigen Münchner war der sehr spezielle Dialekt des Lamer Winkels nicht zu entschlüsseln. Max übersetzte grinsend: „Wir sollen uns beeilen, das Wetter beginnt umzuschlagen. Schnee kommt."

Die beiden Wanderer beherzigten den Rat, tranken aus und machten sich auf den Weg nach unten, diesmal nach der anderen, der böhmischen Seite.

Der Wast hatte Recht gehabt. Das Wetter begann umzuschlagen. Vom Arber her näherten sich schwarzgraue Wolken, Schneewolken wie Max sorgenvoll feststellte. Aber nach drei Halben Bier gab es für Max natürlich kein Umkehren. Sie folgten dem Weg nach unten, den der Wast ihnen beschrieben hatte. Noch machte sich Max nicht allzu viele Gedanken. Jetzt war es kurz vor Drei. Bis zum Bahnhof brauchten sie etwa zweieinhalb, drei Stunden. Nacht wurde es um diese Jahreszeit nicht vor Sechs. Die Rechnung ging auf. Kein Problem oder, wie der Tscheche zu sagen pflegte „neni problem".

„Was hast g´sagt, Max?"

„Passt schon, Rudi."

Die erste halbe Stunde passte es noch. Die beiden kamen flott voran, auch wenn es immer finsterer wurde und der Wind zunahm. Es begann zu schneien. Dicke Flocken. Unendlich viele dicke Flocken. Obwohl sie den Wind die meiste Zeit im Rücken spürten, bildeten sich Eiskristalle am Bart vom Max. Rudi hatte sich die Kapuze seines Anoraks tief ins Gesicht gezogen, Max war zum Glück mit einer warmen, gestrickten Mütze ausgerüstet, die ihm Anna voriges Weihnachten geschenkt hatte. Der Schneefall ließ nicht nach, im Gegenteil, Max glaubte zu sehen und zu spüren, dass das Schneetreiben sich immer noch mehr verdichtete, sodass die beiden kaum noch fünf Meter weit sahen. Zum Glück war der Weg so breit, dass man ihn nicht verfehlen konnte, Wegmarkierungen waren aber keine mehr zu sehen, die waren schon zugewachelt worden. Das hatte nicht einmal der norwegische Wetterbericht vorausgesagt.

Max musste an die Erzählung von Adalbert Stifter mit den Kindern im Schneesturm denken. Er hatte sie immer für romantisch-übertrieben gehalten. Jetzt fiel es ihm leichter, sich vorzustellen, wie man sich in diesem weißen Inferno verirren konnte.

„Halt, Rudi, wart mal!"

„Was ist?"

„Muss bieseln."

Die drei Halbe vom Lohberger Osserbräu mussten wieder raus, Rudi schloss sich der Aktion gleich an. Handschuhe runter, Anorak hoch, Hosentürl auf – es war gar nicht so leicht. Mit dem Wind bieseln und nicht gegen ihn. Die beiden mussten lachen, obwohl ihnen eigentlich schon nicht mehr zum Lachen war.

Denn jetzt wurde es so richtig ungemütlich. Sie waren, seit sie das Osserschutzhaus verlassen hatten, schon fast eine Stunde unterwegs und Max hatte gedacht, sie beide seien schon einigermaßen raus aus der Höhenregion, es müsse mit dem Wetter ein wenig kommoder werden und es könne eigentlich nicht mehr viel passieren. Aber die Wucht des Windes, der jetzt stoßweise von allen Seiten her blies, nahm eher noch zu, sie sahen buchstäblich die Hand nicht mehr vor den Augen, der Schnee war schon so tief, dass sie bis weit über die Knöchel einsanken.

Max wunderte sich bereits seit einigen Minuten, dass der Weg wieder anzusteigen begann. Oder täuschte er sich, und die Schneemassen, die vom Himmel stürzten, gaukelten ihm ein Trugbild vor?

Tatsächlich, jetzt stieg der Weg, immer schmaler werdend, ziemlich steil an. Auch Rudi hatte gemerkt, dass sie hier falsch dran waren. Er stoppte und sagte etwas, das Max nicht verstand.

„Wos hast g´sagt?“

„Scheiße! Scheiße hab ich g´sagt!“, schrie der Münchner so laut er konnte.

„Da hast Recht.“

„Was hast g´sagt?“

„Recht hast.“

Die beiden einigten sich darauf, dass dieser Weg auf keinen Fall der richtige sei. Hatten sie eine Abzweigung versäumt? Wegzeichen sahen sie nicht mehr, jetzt war es auch schon so finster, dass sie sogar darauf achten mussten, den Weg nicht total zu verlieren. Die Karte, die der Rudi mithatte, nutzte ihnen auch nichts mehr, sie konnten nichts mehr darauf entziffern. Und ihre Handys hatten sie beide natürlich nicht dabei.

„Wir alten Deppen!“

„Was hast g´sagt?“

„Oite Deppn samma. Keiner von uns hat ein Handy dabei.“

„Da hast ejtz du wieder Recht.“

Umdrehen, zurück und die Stelle finden, an der sie irgendwie falsch abgebogen waren! Max hatte gedacht, sie seien immer geradeaus gegangen! Schon nach wenigen Metern waren ihre Spuren vom Schnee verdeckt und verweht, nichts mehr von ihnen war zu finden in der weißen Finsternis. Max wurde es schön langsam zweierlei. Hatte der Stifter seine Geschichte doch nicht erfunden? War es möglich, dass so etwas auch heute im Böhmerwald passieren konnte? Ihnen, zwei erwachsenen Männern, erfahrenen, schöffelverpackten und lowagestiefelten Outdoorspezialisten?

Mit Sorge spürte der Ex-Kriminaler auch, dass sein rechtes, sein Arthroseknie schön langsam zu schmerzen begann und er schon seit einiger Zeit im Schongang humpelte.

Hier! Hier war eine Wegkreuzung! Waren sie nun von links oder von rechts gekommen? Oder von vorne?

„Kruminale!"

„Was hast g´sagt?"

„Ah nix, i muass scho wieder biesln." Max spürte, dass dies schon fast ein Panikbiesler war. Als kleiner Bub hatte er immer in die Hose gebieselt, wenn er übergroße Angst hatte. Der Nikolaus hatte den sich ob seiner nassen Hose schwer schämenden Maxl einmal trösten müssen.

Keine Panik jetzt! Aus alter Gewohnheit stellte sich Max zum Bieseln an einen Baumstamm. Als sein warmer Bieselstrahl den Schnee vom Stamm abzulösen begann, merkte Max Esterl, dass dies ein viereckiger Baumstamm war, und als er nach oben sah, erkannte er erstaunt, dass sein Bieselobjekt in Wirklichkeit ein Wegweiser war, ein Wegweiser, der so mit Schnee behangen war, dass Max ihn nie und nimmer entdeckt hätte.

Max stellte sich auf die Zehenspitzen und wischte den zentimeterdicken gefrorenen Schnee von dem Wegtaferl.

„Kannst du das lesen, Rudi? Du bist größer als ich."

„Warum hast du auch kein Handy zum Leuchten! Das hat man doch immer dabei."

„Ich, und mein Handy. Ich dachte du hast eins dabei. Ich hab doch Urlaub. Ich genieße die Zeit ohne das lästige Zeugs."

„Und ich bin Pensionist. Ich brauch überhaupt kein Handy mehr. Früher haben wir auch keins g´habt. Dann muss es ohne gehen, Kruminale!"

Rudi stellte sich auch auf seine Zehenspitzen und ging ganz nahe an das Taferl ran.

„H…, dann ein A, ein N, nein, ein M ist das. H A M…"

„Hamry muss das heißen, Hammern! Das stimmt schon, die Gemeinde hier heißt Hamry. Aber dass wir soweit nach Norden gekommen sind, das kann ich mir gar nicht vorstellen, da hat´s uns aber g´scheit verwachelt!"

„Hauptsache, wir haben überhaupt eine Ahnung, wo wir sind. Ich muss gestehen, dass mir wirklich ein wenig mulmig geworden ist. Ich hab schon überlegt, ob wir das durchhalten, die ganze Nacht zu marschieren. Stehenbleiben kannst du nicht bei der Kälte, dann ist´s aus. Und Handys, um einen Notruf abzusetzen, haben wir ja nicht, wir altmodischen Deppen."

Max sagte nichts darauf, denn auch ihm waren ähnliche Gedanken durch den Kopf gegangen.

Noch etwas zuversichtlicher wurde Max, als er durch die Schneeschleier schemenhaft wahrnahm, dass sie offenbar einen Bach entlanggingen. Das war ein gutes

Zeichen. Ein Bach floss nach unten, hier in diesem Tal mündeten alle Bäche in die Uhlava, den Angelfluss. Wenn sie dem Bach folgten, mussten sie da wieder raus kommen.

Kapitel 10: Licht!!

Noch aber waren die beiden nicht in Hamry, noch stapften sie durch den Schneesturm und bahnten sich mühsam ihren Weg, darauf hoffend, dass es nicht mehr allzu lange dauern würde, bis sie im Warmen saßen.

„Da – Licht!“

Rudi hatte es zuerst entdeckt, und jetzt sah es auch Max: Ein schwacher Lichtschimmer funzelte irgendwo dahinten zwischen den Bäumen hindurch. Ihre Schritte wurden schneller, das Licht wurde heller: Ein Zaun, dahinter ein Holzhaus. Aus einem Fenster, dessen Vorhänge vorgezogen waren, drang ein Lichtschein auf die davor liegende Veranda. Eindeutig. Die beiden Männer schlugen sich gegenseitig auf die Schultern, dass der Schnee staubte. Dann stapften sie durch den Vorgarten auf das Haus zu. Sie hörten, wie ein Hund anschlug, verharrten eine Weile, bereit, Fersengeld zu geben, bis sie merkten, dass das Tier wohl eingesperrt oder angeleint war. Aufatmen.

Sie klopften ans Fenster. Keine Reaktion, außer dem noch wilder werdenden Hundegebell. Nochmals. Wieder nichts. Rufen: „Hallo! Hallo!“

Max ärgerte sich, dass ihm auf Tschechisch wieder einmal nichts anderes als „dobry den“ einfiel. Naja, besser als nichts!

„Hallo!“ „Dobry den! Ist hier jemand? Bitte machen Sie auf.“

Nur der Hund schien sie zu hören. Er antwortete mit erneutem, wütendem Bellen.

„Da muss doch jemand sein! Kruminale!“ Max und Rudi begannen, das Haus zu umrunden. Max nach der Seite, von der das Gebell kam. Vorsichtig lugte er um das Hauseck herum: Er sah eine Schupfe, rechts, etwa zwei Meter vom Haus entfernt, an die der Hundezwinger grenzte. Ein Schäferhund sprang wie verrückt an dem Gitter des Zwingers hoch. Der konnte also nicht gefährlich werden. Max atmete erleichtert auf.

Dann machte er einige Schritte auf die links gegenüber dem Zwinger sichtbare Haustür zu und wollte nach einer Klingel suchen oder klopfen.

Plötzlich erstarrte der Ex-Kriminaler und hob die Hände vor´s Gesicht. Ein gleißendes Licht aus einem Halogenscheinwerfer, der oberhalb der Haustür angebracht war, blendete ihn so stark, dass seine Augen schmerzten. Gleichzeitig hörte er aus dem Scheinwerferstrahl heraus eine Stimme, die überhaupt nicht tschechisch-singend, sondern preußisch-schnarrend klang:

„Stopp! Stehän bleibän! Was machst du hier auf meinäm Grundstick?“

Ein deutsch sprechender Tscheche mit der Stimme eines KZ-Wächters! Kruminale! Sehen konnte Max den Mann immer noch nicht. Der Scheinwerfer, der ihn blendete, war genau oberhalb der Stimme montiert. Der grelle Strahl ließ die dichten Schneeflocken wie eine einzige undurchdringliche, wirbelnde weiße Wand aussehen.

Aber jetzt konnte Max sich wenigstens verständlich machen. Deeskalierung war schon zu seinen Berufszeiten eine seiner Stärken gewesen.

„Grüß Gott und Entschuldigung, dass ich, dass wir hier auf d´Nacht, abends so auftauchen, aber wir haben uns quasi verlaufen. Und wir möchten fragen, äh wissen, wie wir am besten zum Bahnhof in Hojsova Stráž kommen, bei dem Sauwetter."

Inzwischen war auch Rudi ums Eck gekommen. Max sah, wie er langsam die Hände über den Kopf hob. Was hatte das zu bedeuten?

Max richtete seine Blicke wieder nach vorne, wo die Gestalt mit der SS-Stimme begann, aus dem grellen Lichtkegel aufzutauchen.

Jetzt nahm auch Max seine Hände in die Höhe. Der Mann vor ihm hatte eine imponierende Hünengestalt. Oder schaute das nur so aus, weil er im Kegel des Scheinwerfers stand? Er war ausgestattet mit Lederstiefeln, einer pelzbesetzten Lederjacke, einer Pelzmütze, die sein halbes Gesicht verdeckte, und einer gefährlich ausschauenden Handfeuerwaffe. Der Bewaffnete rief dem Hund etwas zu. Stille.

Dann machte der Tscheche noch einige drohende Schritte auf die Eindringlinge zu. Max Esterl, der es auch in gefährlichen Situationen gewohnt war, genau zu beobachten, sah, dass der ungastliche Hundebesitzer einen Fuß etwas nachzog.

„Haut ab! Das hier ist Privatgrund. Ihr habt hier nichts zu suchän. Vrschwindet! Sofort!"

Jetzt mischte sich Rudi ein:

„Ist in Ordnung. Wir wollen auch nichts von ihnen. Sagen sie uns nur, wie wir zur nächsten Ortschaft kommen, dann sind sie uns los."

„Zweihundrt Mätr in diesä Richtung", der SSler deutete dort hin, von wo sie gerade gekommen waren, „und dann links. Zwei Kilomätr, dann seid ihr da. Und jetzt flott, ab!" Seine Stimme hatte wieder Kommandoton angenommen.

Die beiden Freunde ließen ihre Hände sinken, drehten sich um und verließen den ungastlichen Hof. Schnell gingen sie absichtlich nicht. Die Schnarrstimme sollte nicht glauben, dass sie Angst hatten.

Schon bei Schritt Nummer 180 erkannte Max, dass ein Weg nach links führte, den sie beim Hergehen wegen des verlockenden Lichtscheins übersehen hatten. Dieser Weg war jetzt klar erkennbar. Der Sturm hatte sich inzwischen etwas gelegt, die Schneeflocken rieselten so harmlos vom Himmel, als sei nichts gewesen.

Unterwegs fragte Rudi: „Hast du die Waffe gesehen, mit der er uns bedroht hat?"

„Konnte ich nicht genau erkennen, ich war geblendet. Aber irgendetwas Kleines."

„Genau. Eine Scorpion!"

Max pfiff durch die Zähne. Die Scorpion war in der früheren Tschechoslowakei hergestellt worden, sie war klein und handlich, dabei ziemlich präzise. Im Balkankrieg war sie auf beiden Seiten die bevorzugte Waffe gewesen. Tödlich! Heute noch war sie beliebt. Besonders in Gangsterkreisen.

Nach einer knappen halben Stunde, die ihnen aber wie eine Ewigkeit schien, kamen sie an ein Kircherl, hinter dem sich ein Anblick bot, der den Freunden wie das Paradies erschien: Ein Hotel stand vor ihnen, in warmes Licht getaucht, das Dach und die vielen Balkone mit Schnee überzuckert. Eine Fata Morgana der Gastlichkeit in der Schneewüste?

Kapitel 11: Kein Anschluss in Eisenstein

Ein Mann mit einer Schneefräse, die mit lautem Dröhnen die frisch gefallenen Schneemassen in hohem Bogen zur Seite fliegen ließ, löste die Winteridylle auf. Der röhrende Krach der Maschine zeigte den Freunden, dass das gefundene Paradies etwas ganz Reales war. Als der Fräser die beiden Wanderer mit ihren Eiszapfengesichtern und ihren inzwischen bocksteif gefrorenen Anoraks sah, stellte er die Fräse ab, betrachtete sie eine Weile und sagte:

„Ös zwee brauchts an Schnaps."

Dieser bairische Satz kam den beiden wie eine Himmelsmelodie vor. Alles hätten sie nach ihren Erlebnissen mit dem Schneesturm und dem Sturmbannführer erwartet, nur nicht diese Begrüßung.

Der freundliche Fräser stellte seine Maschine ab und begleitete Scott und Amundsen in die wacherlwarme Gaststube, wo er ihnen die gefrorenen Anoraks abnahm, diese über den Kachelofen hängte und seine Gäste an den Tisch neben dem Kachelofen dirigierte. Der Fräser, der ebenfalls sein Winterzeug abgelegt hatte, stellte sich ihnen als der Besitzer des Hauses vor.

Was für ein Unterschied: vor einer Stunde noch waren sie von einem Tschechen mit einer Scorpion bedroht worden und jetzt trank ein Landsmann mit ihnen einen wärmenden böhmischen Borovicka. Eigentlich waren es sogar zwei, nein drei Schnapserl, wenn man den hinzuzählte, der ihnen helfen sollte, das vorzügliche Gulasch und die böhmischen Knödel zu verdauen, die ihnen ihr Gastgeber von der freundlichen tschechischen Bedienung servieren hatte lassen. Nachdem ihr Hunger gestillt war, kam der Wirt noch einmal an den Tisch der beiden Freunde, um sich zu erkundigen, ob es ihnen geschmeckt habe und vor allem um zu erfahren, woher sie bei diesem Sauwetter gekommen waren.

„Auf Schmugglerwegen vom Osser runter, durch den *Königlichen Wald*, wie wir ihn nennen. Da habt ihr aber Glück gehabt, dass ihr uns gefunden habt, bei diesem Schneesturm." Der Wirt erzählte ihnen alte Geschichten von den Schwirzern, von der Wolfsschlucht, an der sie vorbeigekommen sein mussten und die dem Komponisten Weber als Vorbild für seine romantische Freischütz-Oper gedient hatte und von einem Wasserfall hier ganz in der Nähe. Und von einem Erfrorenen, der nachts nicht mehr vom Wirtshaus heimgefunden hatte.

Max Esterl hatte ein wohliges Gefühl, das sich nach der dritten Halbe Pilsener Urquell noch verstärkte. Am liebsten hätte er hier an diesem gastlichen Ort übernachtet. Er hätte auf der Stelle einschlafen können. Aber irgendetwas wollte er den Wirt doch noch fragen…irgendwas…

Als ihm der Kopf nach vorne fiel, erschreckte sich Max gewaltig. Seit seiner Jugendzeit war er nicht mehr im Wirtshaus eingenickt. Hoffentlich hatten das seine Tischnachbarn nicht mitbekommen. Kruminale!

Was hatte sein Freund Rudi gerade mit dem Wirt gesprochen? Aha, es ging um das ungastliche Haus mitten im Kralovsky hvozd, im Königlichen Wald. Es sei vor einigen Monaten, im Sommer, von Deutschen gekauft worden, erzählte der Wirt, aber die meiste Zeit würde ein Tscheche dort wohnen. Genaueres wisse er nicht, denn die neuen Besitzer suchten keinen Kontakt zu den Nachbarn. Im Gegenteil: Gäste seines Hotels seien auch schon einmal scharf angegangen worden, als sie sich als zu neugierig erwiesen hatten.

„Zu allen Tschechen hier in der Nachbarschaft hab ich freundliche Beziehungen. Zu den Deutschen auf diesem Hof nicht. Komische Leute. Die reden nicht mit mir."

Jetzt fiel Max wieder ein, was er den Wirt hatte fragen wollen. Natürlich! Wie konnte er das Wichtigste vergessen? Der Rudi hätte aber auch auf die Idee kommen können, danach zu fragen!

Sie mussten noch zum Zug und er musste Eva informieren, dass sie erst ziemlich spät heimkommen würden. Wenn sie nicht sogar hier übernachten mussten! Es war immerhin schon halb neun. Eva würde zu Hause sitzen und auf sie oder auf Nachricht von ihnen warten.

Die Sache mit dem Zug klärte sich schnell. Der Wirt fragte die Bedienung und die wusste die Zugzeiten auswendig: „Richtung Železná Ruda? Aus Hojsova Straž? 19:34 gäht nicht mehr, zu spät. Dann 21:29. Lätztr Vlak, äh Zug."

„Dann schaffen wir es, wenn wir gleich aufbrechen. Erklären sie uns den Weg?"

„Es pressiert nicht. Ich fahr euch. Sonst verrennt´s euch nochmals. Es wachelt immer noch ganz schön."

Erleichtert bestellten sich die zwei daraufhin eine vierte Halbe von dem süffigen Pilsener Bier. Sie kamen sich wirklich vor wie im Himmel. Erleichtert war auch Eva, als sie durchs Telefon hörte, dass die beiden wohlbehalten waren und mit dem letzten Zug heimkommen würden.

Max Esterl wunderte sich, als sein Freund generös erklärte, dass er die Rechnung für das Gulasch, die Schnapserl und die Bierchen übernehme. So kannte er den sparsamen Rudi gar nicht.

„Handschlag ein Lächeln, Mühen vergessen, ach wie so schön ist die Welt…“, sangen die beiden Abenteurer mit ihrem Duljöh zweistimmig im menschenleeren Zugabteil auf der Fahrt durch die Sturmnacht. Erst als sie am Špičak ausstieg, fiel ihnen auf, dass eine junge Tschechin mit Langlaufskiern auch mit in ihrem Waggon gesessen hatte. Die Tschechin lachte ihnen zu: „Schenes Lied! Dobrou noc!“

In Železná Ruda/Alžbětín, am Grenzbahnhof, wurden die beiden aber wieder eingeholt von den irdischen Problemen. Ihr Zug war pünktlich um 21:51 dort eingetroffen, der deutsche Zug von Eisenstein nach Zwiesel war aber, hundert Meter weiter westlich und zehn Minuten vorher, pünktlich um 21:41 abgefahren. Der riesige Bahnhof lag stockfinster da, die Bahnhofstraße, die zum Ortskern führte, war, vom Schnee geräumt, in fahles Straßenlampenlicht getaucht, nichts rührte sich auf ihr. Telefonzellen, so stellten die Freunde fest, gab es heutzutags keine mehr, die Gasthäuser waren dunkel, niemand war zu sehen. Ratlos standen die beiden vor dieser neuen Katastrophe.

Rudi und Max blickten sich an. Früher war am Grenzübergang wenigstens noch eine Polizeidienststelle gewesen, die Tag und Nacht besetzt war.

„An irgendeinem Haus läuten? So spät ist es noch nicht."

Max schüttelte den Kopf.

„Zu Fuß nach Zwiesel gehen?"

„Ist nicht dein Ernst. Nochmals zweieinhalb Stunden!"

„Per Anhalter?"

„Da werden wir lang stehen, mitten in der Nacht, mit unseren Schnaps- und Urquellfahnen."

„Rüber nach Železná Ruda, vielleicht ist da nachts mehr los."

Max kicherte. „Gut, Rudi, ausgezeichnet! Kruminale, dass ich da nicht draufgekommen bin. Rüber nach Železná Ruda, ins *Rote Herz*. Da wird einsamen Wanderern wie uns geholfen. Bis halb elf sind wir dort, da machen die grad erst auf. Komm!" Max Esterl machte sich auf den Weg in die andere, die östliche Richtung, Rudi folgte. Er war überrascht: „Rotes Herz? Das klingt aber nicht, wie wenn das ein normales Gasthaus wäre."

„Recht hast, Rudi. Das Rote Herz ist ein Bordell. Und die Chefin dort, die Irmi, ist meine Freundin."

„Eha! Max, da tun sich ja Abgründe auf bei dir. Und ich hab immer gedacht, du bist ein treuer, braver Familienvater. Weiß das die Eva, mit dem…dem Roten…"

„Das mit dem Roten Herz weiß sie, Rudi. Und das mit der Irmi auch. Die kenn ich schon seit einigen Jahren. Aber nicht so wie du meinst. Die Irmi und ich sind einfach...Freunde."

Rudi blieb stehen.

„Und die Erde ist eine Scheibe und die Essiggurkerl wachsen in den Gläsern. Haha. Verarsch mich nicht, Max. Ein platonisches Verhältnis mit einer Nutte hat er."

Auch Max blieb stehen. „Ich verarsch dich nicht, Rudi. Ich mag die Irmi, aber das ist alles. Und wenn du sie auch nur noch einmal Nutte nennst, dann kriegst du so eins auf die Fresse, dass du drei Wochen nicht mehr in den Spiegel schauen willst. Kruminale!"

„Eha! Dich hat´s ja wirklich erwischt."

„Mich hat´s nicht erwischt, aber dich erwischt´s gleich, wenn du nicht aufhörst mit deinem saudummen Schmaatz, Kruminale, glaubst as!"

Max setzte sich wieder in Bewegung. Voller Zorn lief er jetzt so schnell, dass Rudi kaum folgen konnte. So eilten beide im Temposchritt dem Roten Herzen zu und ein unwissender Beobachter hätte meinen können, dass die zwei älteren Herren ein unerwarteter Hormonschub überfallen oder ihnen jemand eine Überdosis Viagra ins Bier geschüttet hatte. Eine Viertelstunde später, auf dem Parkplatz des Bordells, hatte die Wirkung der Schnäpse und des Pilsener Urquells schon etwas nachgelassen. Schwer atmend standen sie vor dem Roten Herz und Rudi stieß hervor: „I kannt iatz eh nimma, selbst wenn i mecht."

„Sehgst as", antwortete Max, „und i mecht eh net, selbst wenn i kannt."

Die Überwachungskamera im Roten Herz zeigte zwei Gruftis auf dem Parkplatz, die sich erst vor Atemnot und dann vor Lachen bogen.

Irmi war leider nicht da. Wenig Geschäft heute, sagte ihre Vertretung, eine mollige Rothaarige, die Max gleich erkannt und ihm und seinem Freund etwas zu Trinken angeboten hatte: Flaute in der Wochenmitte. Und dann der Schneesturm, der stundenlang den Verkehr lahmgelegt hatte. Und überhaupt. Schlechte Zeiten und viel Konkurrenz. Schlimme Konkurrenz.

Nachdem Max ihr klar gemacht hatte, dass auch sie beide nicht vorhatten, das Geschäft heute noch zu beleben, seufzte die Mollige: „Ihr zwei und ich? Schadä. Vielleicht andrmal."

„Kann ich nach Deutschland telefonieren?", bat Max. „Wird natürlich bezahlt." Die Rothaarige winkte ab und schob Max den Apparat über die Theke.

Max wählte und horchte.

„Ja, Eva, hallo. Leider hat das in Eisenstein nicht geklappt mit der Verbindung. Kein Zug mehr nach Zwiesel. Wo ich jetzt bin? Du hörst mich schlecht? Ja, Eva, der Rudi und ich, wir sind hier im Roten Herz in Železná Ruda. Kannst uns da holen?...Was hast g´sagt? Eva? Eva? Hallo! Eva??? Kruminale! Aufgelegt. Einfach aufgelegt."

Rudi schaute seinen Kameraden fragend an.

„So blöd ist sie nicht, hat sie gesagt, dass sie mich und mei Freunderl aus dem Puff abholt. Wir sollen selber schauen, wie wir heimkommen.“

„Ich ruf Taxi.“ Die Rothaarige hatte mitgehört. „Abr vorhär? Noch halb Stundä Zeit.“ Sie lächelte verführerisch.

„Taxi, gleich! Und sag der Irmi viele Grüße vom Max!“, antwortete Esterl, und der höfliche Rudi ergänzte: „Ein andermal.“ Und dann fügte er noch hinzu: „Das Taxi bezahle ich.“

Eva war schon zu Bett gegangen, als das tschechische Taxi ihren Mann nach Hause brachte.

Sie wollte sich nicht aufregen über die Erklärungen ihres Mannes und stellte sich deshalb schlafend.

Max bemühte sich, beim Zubettgehen leise zu sein. Kaum hatte er das Licht gelöscht, da schnarchte er auch schon, so wie er immer schnarchte, wenn er ein paar Bierchen zu viel getrunken hatte.

Eva konnte nicht schlafen. Jetzt regte sie sich erst recht auf. Der Haussegen bei den Esterln hing schief.

Kapitel 12: Skiguide Ludwig Rindl

Am nächsten Tag, nach einem ziemlich einsilbig verlaufenen Frühstück, klingelte, kaum dass Eva aus dem Haus war, das Telefon.

„Rudi, du schon wieder?"

Erst erkundigte sich der Ex-Kollege nach der Wetterlage bei den Esterln. Wenngleich Rudi nicht der Sensibelste war: Dass Eva ihren Gatten nicht aus Železná Ruda abholen hatte wollen und dass wegen der Bordellgeschichte der Haussegen schief hing, das hatte er mitbekommen.

„Ein Blumenstrauß würde sich da schon gut machen."

„Wär vielleicht nicht schlecht."

„Meinst, dass Eva dann erlaubt, dass du mich morgen noch einmal begleitest? Du weißt schon. Hinüber, Richtung Hurkenthal."

„Morgen schon wieder? Du, Rudi, morgen ist Samstag, da unternehme ich normalerweise etwas zusammen mit der Eva, da wird´s schwierig. Außerdem hat´s jetzt über einen Meter Schnee da oben."

„Ich komm heut Nachmittag mit einem Blumenstrauß, Max. Und dann besprechen wir das mit Hurkenthal. Ab wann ist denn Eva von der Schule daheim?"

Dass Rudi so hartnäckig seine Ziele verfolgte, wunderte Max nicht, er hatte ihn schon zu seiner Dienstzeit als verbissenen Ermittler kennengelernt. Dass er aber sogar einen Blumenstrauß dafür *opferte*, das wunderte Max schon sehr. Erst der Hotelaufenthalt, dann die Zeche in Hamry, das Taxi und jetzt der Blumenstrauß

- hatte der alte Knicker sich geändert und war spendabel geworden?

Der Herbstblumenstrauß hatte gewirkt. Eva hatte dem Rudi erklärt, dass sie korrigieren müsse und deshalb sowieso am Wochenende keine Zeit habe und dass es, nach solchen nächtlichen Abenteuern wie dem gestrigen, Max gut tue, sich ein wenig an der frischen Luft zu bewegen. Das würde vielleicht auch sein Gehirn anregen und die Dinge zurechtrücken, hatte sie dem Rudi mit einem bedeutungsvollen Seitenblick erklärt. Vielleicht könne er dann sogar verstehen, was ein Mann von seiner Frau verlange, wenn er sie bitte, ihn aus dem Puff zu holen. Wie sie das Wort *Puff* ausgesprochen hatte! Kruminale! Erst jetzt wurde Max klar, was er sich gestern Nacht eingebrockt hatte. Zum Rudi aber war Eva freundlich, ausnehmend freundlich sogar. Der war doch gestern auch dabei gewesen!

Nachdem Max die Startgenehmigung erhalten hatte, gab es noch zwei Probleme zu bewältigen: Ein kleineres und ein größeres. Der Rudi brauchte eine Langlaufausrüstung und sie beide brauchten einen Führer. Im Winter war er noch nicht alleine oben gewesen auf den Schachten, den einsamen Waldweiden im menschenleeren Grenzgebiet. Dort oben mussten jetzt Massen von Schnee sein, die Wegzeichen und Markierungen waren bestimmt verweht und alles sah ganz anders aus als im Sommer. Nach den abenteuerlichen Osser-Erfahrungen hatte Max Esterl noch mehr Respekt bekommen vor der Einsamkeit und Wildheit der Böhmerwaldberge. Es gab einige Schachten-Experten in Esterls Bekanntenkreis. Wer aber hatte jetzt, genau dieses Wochenende, so kurzfristig Zeit?

Die Langlaufausrüstung konnte man sich im Sportgeschäft leihen. Das sei im Etat schon drin, hatte Rudi gesagt. Als Max seinen Freund fragte, welcher Etat gemeint sei, wurde Rudi verlegen und stotterte, dass damit natürlich sein Urlaubsetat gemeint sei. Als der Ex-Kollege aber dann, eine Stunde später im Sportgeschäft eine detaillierte Quittung verlangte, wunderte sich Max. War der Rudi schon so ein Pfennigfuchser, dass er auch privat alles genau abrechnete, oder steckte da etwas anderes dahinter? Egal. Jetzt musste Max noch das andere, das größere Problem lösen: Wer konnte sie beide morgen begleiten und führen?

Eva brachte ihren Gatten auf die Idee:

„Fragt doch den Ludwig Rindl. Der kennt von seiner aktiven Polizistenzeit her noch alle Wege und Steige dort oben und der kann auch gut langlaufen."

„Mit seiner Wampe", entrutschte es Max.

Eva lächelte. „Na, immerhin hat er dich beim Rentnerbiathlon damals meilenweit geschlagen (siehe *Max Esterl und das Rote Herz*), da hast du alt ausgesehen gegen ihn."

Max wollte schon etwas erwidern, aber er besann sich. Der Rindl hatte einfach die bessere Technik im Langlaufen. Wie viele Polizisten zu seiner Zeit war er als junger Mann ein erfolgreicher Wettkämpfer gewesen.

„Und vielleicht tut ihm das auch gut, wenn er mit euch beiden mal rauskommt."

Da hatte Eva recht. Seit dem Verschwinden seiner Enkelin Emma war der Rindl in eine Lethargie gefallen. Selbst die REWE- oder EDEKA-Stammtische am späten Vormittag reizten den früher so ehrgeizigen und sich gern in den Mittelpunkt stellenden Ludwig nicht mehr.

Ein wenig hatte sich der Rindl geziert, als ihm sein alter Schulfreund Max ihr Anliegen am Telefon vorbrachte. Aber seine Bedenken waren schließlich zerstreut worden, als Max erwähnte, dass das Evas Idee gewesen war und dass sie die drei Tourengeher am frühen Samstag nach Hurkenthal zum Ausgangspunkt ihrer Schmugglerwanderung fahren würde. Esterls Frau hatte beim Ex-Polizeichef schon immer einen dicken Stein im Brett gehabt.

Kapitel 13: Von Hurkenthal zum Sandel: Sonderbare Gestalten

In Neuhurkenthal, dem heutigen Nova Hurka, begannen die drei so unterschiedlichen Männer, deren Gemeinsamkeit eigentlich nur ihre Vergangenheit bei der Polizei war, ihre Gebirgsüberquerung. Das Wetter hatte sich beruhigt, es war kalt geworden, kalt, aber heiter.

„Übernehmt euch nur nicht, ihr alten Knaben", hatte ihnen Eva noch mit auf den Weg gegeben, bevor sie wieder heim nach Zwiesel fuhr. „Und ruft diesmal rechtzeitig an, wenn ihr wieder in der Zivilisation gelandet seid. Ich hol euch dann."

Bereits ab den ersten Metern auf der geteerten Forststraße hoch Richtung Hurkenthal mussten die Männer ihre Skier anschnallen. Der Schnee lag schon hier fast meterhoch und niemand hatte die Straße, die in menschenleeres Gebiet führte, geräumt.

Rudi, der sich als der Initiator der Tour ein wenig verantwortlich fühlte, hatte das Spuren übernommen. Er sank teilweise bis zu den Knien ein, und auch Ludwig, der noch ein gehöriges Stück schwerer war als der Spurmacher, hatte mit dem tiefen Schnee zu kämpfen. Max als Dritter dagegen hatte es leichter. Er musste nur aufpassen, dass er sich schön in der Spur hielt.

So stapften die drei Meter um Meter nach oben, bis sie nach etwa einer Stunde Hurka, das ehemalige Hurkenthal erreichten. Von dem einst blühenden Glashüttengut der Familie Abele war kaum noch etwas zu sehen. Eine Kirche, die wieder hergerichtet worden war, einige Mauern, Schautafeln auf Tschechisch und Deutsch, über alles andere hatte der Schnee seine dichte weiße Decke gebreitet. Hier hatte sich Dr. Josef Klostermann, der Vater des Böhmerwaldschriftstellers, dessen Romane und Erzählungen Max Esterl so gerne las, am wohlsten gefühlt, hier hatte er im Kreise seiner Freunde auch jenen denkwürdigen Heiligen Abend gefeiert, an dem er von Waldarbeitern um Hilfe für einen Verunglückten gebeten wurde. Sein Aufbruch in die Schneehölle des Böhmerwaldes hätte den Arzt beinahe selber das Leben gekostet: Drei Tage war er eingeschlossen gewesen in dem Haus des mittlerweile verstorbenen Holzhauers, drei Tage waren er und die Frau des Verstorbenen mit ihrer Kinderschar fast am Ersticken gewesen, am Ende auch am Erfrieren, weil kein Feuer mehr brannte, kein Ofen mehr zog.

Weihnachten im Schnee, hieß die Erzählung Karl Klostermanns und nach dem Erlebnis am Osser konnte sich Max die Geschichte sehr plastisch vorstellen. Aber was war ein knapper Meter Schnee schon gegen die drei oder vier Meter, die damals im Böhmerwald regelmäßig vom Himmel fielen?

„Hier stand die Gruft der Familie Abele." Rudi zeigte mit seinem Skistock auf ein paar Schneehügel, unter denen man große Steine vermuten konnte. „Mein Vater hat oft davon erzählt, mit wieviel Schaudern er mit den Hurkenthaler Dorfkindern davor gestanden ist und hineingelurt hat."

Rudi zückte sein Handy und fotografierte.

„Da kann ich auch etwas dazu erzählen“, meldete sich Ludwig Rindl, der nach dem erschöpfenden Aufstieg wieder zu Atem gefunden hatte. „Ein älterer Polizeikollege, mit dem ich in meinen jungen Jahren oft auf Grenzstreife war, hat mir davon berichtet, was sich in dieser Gruft in der kommunistischen Zeit ereignet hat. Besoffene Soldaten haben die Ruhestätte geschändet, die Leichen aus den Särgen geholt und mit ihnen getanzt.“

„Ich hab einen Film dazu gesehen“, ergänzte Max Esterl, „mit dem Emil Kintzl, einem Original und begnadeten Erzähler aus Kašperské Hory. Beim Kintzl klingt die Geschichte noch schauerlicher: keiner der Soldaten hat die entsetzliche Schändung mehr als ein paar Monate überlebt.“

Die drei Männer schwiegen. Nach einiger Zeit schnallten sie, ohne dass einer von ihnen etwas sagte, ihre Skier wieder an. Die kleine Pause hatte ihnen gut getan, aber sie hatten noch den größten Teil des Aufstiegs vor sich. Rudi spurte jetzt, Max ging als Zweiter und der Ludwig durfte sich hintendran etwas erholen.

Die drei Langläufer arbeiteten sich langsam, aber stetig durch den Fichten- und Buchenbergwald nach oben, in der kalten Luft dampfte ihr Atem und am Oberlippenbart von Max Esterl bildeten sich langsam Eiszotteln, die er mit Lippen und Zunge in seinen Mund holte und lutschte. Außer ihrem Keuchen und dem Knirschen des Schnees unter ihren Skiern war kein Laut zu hören, nur hin und wieder war das Knacksen von Fichtenzweigen zu vernehmen, die sich von ihrer weißen Last befreiten und das dumpfe Plumpsen des von den Ästen herabfallenden Schnees. Schön langsam fand Max wirklich Gefallen an ihrem Winterausflug. Die Sonne, die sich die ganze Zeit hinter ihrem Rücken aufgehalten hatte, war gerade dabei, sie zu überholen, es wurde langsam wärmer, man spürte, dass es gegen Mittag ging.

„Da schau her!" Ein Ausruf der Überraschung ließ Max Esterl nach vorn blicken. „Da, rechts", zeigte Rudi mit seinem Skistock. Jetzt sahen es auch Max und Ludwig: Von rechts, von einer anderen kleinen Forststraße, führten Skispuren her zu ihrem Weg, Spuren, die sich ab jetzt genau in die Richtung zogen, in die sie selbst auch gehen wollten. „So ein Glück, jetzt geht´s leichter. Hoffen wir, dass die den gleichen Weg genommen haben wie wir."

Tatsächlich hatte ihnen jemand die schwierige Arbeit des Spurens abgenommen und den Weg gebahnt. Die Dreiergruppe kam jetzt zügig vorwärts, zudem sie den steilsten Aufstieg schon hinter sich gebracht hatte und sich mittlerweile bereits oberhalb des Lakasees, eines der Eiszeitrelikte des Böhmerwaldes, befanden.

„Da, da vorne müssen wir uns links halten, von da weg werden wir wohl wieder selber spuren müssen, unsere Vorgänger haben sicher den Wanderweg nach Obersteindlberg zum Grenzübergang genommen." Ludwig Rindl, der Ortskundige, hatte den beiden anderen schon bei der Planung ihrer Wanderung erklärt, dass er nicht den offenen Grenzübergang wählen werde, sondern, wie die Pascher vor vielen Jahrzehnten, *Auf dem Sandel* schwarz die Grenze passieren wollte.

„Dort sind sie rüber damals, bei Nacht und Nebel, und dort gehen wir auch. Der Übertritt am Sandel ist zwar nicht ganz legal, aber das ist mittlerweile fast schon egal. Die einzigen, die noch ein Auge darauf haben, sind die Nationalparkleute, wegen dem Auerhahn. Schongebiet! Da müssen wir aber auch wirklich vorsichtig und schweigend durchqueren. Ich möchte keinen Hahn auf dem Gewissen haben."

Als die drei an die Stelle kamen, wo sie den Hauptweg verlassen und nach Westen, Richtung Sandel abzweigen wollten, wunderten sie sich, dass ihre Vorgänger auch den direkten Weg zur Grenze gesucht und dort offenbar den Marchbach, das Grenzbächlein überqueren wollten.

Sie wunderten sich ebenso, als sie an einem etwas abschüssigen Wegstück sahen, dass ihre Spurer anscheinend nicht sehr sicher auf den Skiern standen: Drei *Badwandl*, Badewannen, Kuhlen im Schnee säumten die sanfte Abfahrt. Entweder waren hier Anfänger gefahren, oder diese Skifahrer, zwei mussten es sein, wie sie anhand der Spuren feststellen konnten, waren schon so erschöpft, dass sie deswegen unsicher waren.

„Da bin ich aber gespannt, was die machen, wenn es wirklich richtig abwärts geht. Hoffentlich müssen wir die nicht noch aufklauben", brummte Ludwig, der Kundige. Inzwischen waren sie an der Grenze am Sandel und hatten so ziemlich den höchsten Punkt ihrer Tour erreicht.

„Wir queren die Grenze zügig, damit uns hier oben niemand erwischt, wär peinlich für mich als ehemaligem Polizeichef." Ludwig grinste unter seinem Tuch hervor, das er jetzt gegen die Kälte um seinen Kopf gewickelt hatte. „Für euch doch auch, oder?"

„Mir wurst, an unseren Spuren erkennen sie sowieso, wo wir hergekommen sind", war die Antwort von Max und der Rudi ergänzte „mir ist´s auch egal. Ich zeig ihnen meinen Dienstausweis, dann stehen sie stramm." Kruminale! Max wunderte sich erneut über den Rudi. Warum sollte er hier den Dienstausweis zücken? Das hier hatte doch überhaupt nichts mit dem Polizeidienst zu tun. Privates und Dienstliches hatte Max immer auseinanderzuhalten gewusst.

„Und drüben, am Rindlschachten machen wir Brotzeit. Von dort weg geht es fast nur noch bergab, den Rindlbach entlang bis zur Deffernikschwelle und dann wieder schnurzengrad runter, den Kolbersbach hinab bis zur Bauhüttenbrücke und dann sind es noch 500 Meter bis nach Scheuereck ins Wirtshaus."

Das schien den beiden Ortsunkundigen, die mittlerweile schon ein heftiges Hungergefühl plagte, eine gute Perspektive zu sein und so machten sie sich an die Abfahrt die Sandelhänge hinunter. Dieses Stück forderte die ganze Konzentration der drei Skifahrer: Zwar lag hier fast ein Meter Schnee, doch war vom letzten Windwurf so viel Holz kreuz und quer liegengeblieben, dass es nicht möglich war, die Skier laufen zu lassen und den Hang einfach runter zu sausen.

Ihre Vorgänger hatten mit dieser Situation offenbar ihre liebe Not gehabt, denn deren Spuren kreuzten jetzt wild durcheinander und die *Badwandl* häuften sich. An einer Stelle fanden die drei Männer sogar einen abgebrochenen Skistock. Und kurz danach sahen sie, unten am Waldrand, fast schon an der Forststraße, die Richtung Rindlschachten führte, zwei Gestalten auf Langlaufskiern, die mehr taumelten und wackelten als dass sie Ski fuhren.

Bald hatten sie die beiden eingeholt und konnten sehen, dass ihr ständiges Spuren im Schnee schon deutliche Spuren bei ihnen hinterlassen hatte. Die zwei Skifahrer, der eine davon hatte tatsächlich nur einen Skistock, waren, vom Skimaterial her, bestens ausgerüstet. Von ihrem Aussehen her allerdings entsprachen sie überhaupt nicht den Tourengehern, die man in diesen Höhenlagen antreffen konnte, aber auch nicht den Touristen, die sich möglicherweise nach hier oben verirren mochten.

Sie waren nicht mehr die Jüngsten und sie waren gekleidet wie eine Mischung aus Trappern und Rockern: Lederne Fransenhosen, darüber rot-blau-großkarierte kanadische Holzfällerjacken und Fellmützen. Ihre Handschuhe sahen eher nach Motorrad- als nach Wintersportzubehör aus. Die Köpfe der beiden waren gerötet und sie dampften aus allen Poren. Zu ihrer offensichtlichen körperlichen Überforderung trugen ganz sicher die großen und anscheinend auch schweren Rucksäcke bei, die sie trugen und deren Lasten sie tief in den Schnee einsinken ließen. Als Max Esterl in ihre Gesichter mit den Charles Bronson-Bärten aus den siebziger Jahren sah, war ihm endgültig klar, dass mit diesen zwei Gestalten etwas nicht stimmte. Auch seine zwei Begleiter hatten, dank ihrer Polizistenintuition offenbar dieselben Schlüsse gezogen:

Ihre Fragen nach dem Woher und Wohin klangen betont freundlich und harmlos, die beiden Langlaufrocker aber antworteten so einsilbig wie ungenau. Max meinte, einen fränkischen Zungenschlag bei einem herauszuhören, als sie ziemlich unhöflich und brüsk das Angebot vom Rudi ausschlugen, als Dank für die Schneepflugdienste einige Kilometer beim Tragen der Rucksäcke zu helfen. Der zweite, dickere und größere kam Max irgendwie bekannt vor, er wusste aber im Moment nicht, in welcher Erinnerungsschublade dieser Mann steckte: Jugendzeit? Polizeidienst? Max schaute sein Gegenüber genauer an und nahm sich vor, dessen Porträt abzuspeichern. Klick! Irgendwann würde er schon draufkommen.

„Na, dann eben nicht, jeder wie es ihm passt", hatte sich inzwischen der Rudi von den Schneerockern verabschiedet, die sie mittlerweile schon einige Meter hinter sich gelassen hatten. Als sie außer Hörweite waren, wandte sich Ludwig, der Ortskundige an die beiden Freunde:

„Die werden Probleme bekommen bei der Abfahrt den Bach entlang. Dort geht es etwa zwei Kilometer zügig bergab. Mit dem Gewicht, das sie selber auf die Waage bringen und ihren voll bepackten Rucksäcken werden sie da runtersausen wie ein Viererbob am Königssee. Bloß ohne Lenkung. Wie sie es nur geschafft haben, sich zu orientieren? Ich würde mich ohne Ortskenntnisse nicht hier rauftrauen bei diesen Temperaturen."

„GPS-Geräte, hast du es nicht gemerkt, Ludwig? Die Trapper hatten GPS dabei. Super-Equipment, aber ich glaube, dass es besser gewesen wäre, sie hätten das Geld für die Geräte in einen Skikurs investiert."

„Meinetwegen brechen sie sich den Hals", war die Antwort ihres Bergführers.

Eine Viertelstunde später, am Rindlschachten, machten sie kurz Brotzeit. Vor der Abfahrt wechselten Max und Rudi noch die verschwitzten Teile der Kleidung. Ludwig frozzelte: „Ihr seid´s nichts gewohnt, Burschen, keine Anstrengung. Weicheier."

Er hatte natürlich Funktionsunterwäsche an, die den Schweiß nach außen transportierte.

Die beiden Trapper bekamen sie nicht mehr zu Gesicht. Entweder sie waren sehr langsam oder sie wollten bewusst Abstand halten.

„Kruminale, das waren sonderbare Kerle", dachte Max, „was die wohl hier oben wollten? Zum Vergnügen schienen die nicht hier zu sein." Und er überlegte erneut, wo er den einen von ihnen hintun sollte. Warum kam ihm der nur so bekannt vor?

Der schmale Weg oberhalb des Kolbersbaches, eingefräst in den steilen Abhang, der hinunter zu den tosenden Wassern führte, verlangte den beiden Hauptstadtpolizisten alles ab, während Ludwig Rindl, der wamperte, träge Dorfgendarm mit der Selbstverständlichkeit des Könners zu Tal glitt. Wenn Max in der Spur blieb, wurden seine Skier zu schnell, lenkte er aber seine Skier, um zu bremsen, in den Tiefschnee, dann haute es ihn jedes Mal so nach vorne, dass er heftig mit den Armen rudern musste, um sein Gleichgewicht wieder zu erlangen. Manchmal kam er auch gefährlich in die Nähe des Abgrunds, der oft zwanzig, dreißig Meter steil nach unten, zum Bach hin führte. Dann riss er seine Skier wieder so heftig herum, dass er einige Male nahe dran war, Bekanntschaft mit dem Schnee zu machen. Rudi hatte es schon zwei Mal geschmissen, er sah aus wie ein Schneemann.

Nur einmal gönnte ihnen Ludwig eine kurze Pause und Max konnte fasziniert die bizarren Eiszapfen studieren, die sich oberhalb der gischtenden und in der Nachmittagssonne dampfigen Wasser des Kolbersbaches gebildet hatten.

Als die Brücke in Sicht kam, über die die Forststraße nach Scheuereck führte, war Max heilfroh, dass sie den Höllenritt gut überstanden hatten. Jetzt wollte er noch weniger in der Haut der beiden Altrocker stecken als vorher. Die würden sich derkugeln. Aber ihm konnte es egal sein und außerdem waren es jetzt nur noch 500 Meter bis zum Gasthaus in Scheuereck.

Dort bestellten sie Tee mit Rum und riefen Eva an, die am Telefon versprach, in spätestens einer Viertelstunde da zu sein und sie zu holen. Als Eva kam und sie ins Auto stiegen, war von den beiden *Trappern* noch nichts zu sehen. Vielleicht steckten sie ja irgendwo in der Schlucht des Kolbersbaches fest oder sie waren gar mit ihren Skiern in den Bach geraten und versuchten gerade vergeblich, mit ihren Handys um Hilfe zu rufen.

Trotz dieser Phantasievorstellungen entging Max nicht, dass am Parkplatz oberhalb des Scheuerecker Hirschgeheges mitten im Schneehaufen, den die Räumfahrzeuge angetürmt hatten, ein schwarzer Ami-Pick-Up stand. Mit Nürnberger Autokennzeichen. Das würde passen. Irgendwie schlug der innere Verbrecherradar von Max Esterl an. Wie ein Rauchmelder. Das hatte Max in seiner beruflichen Karriere schon öfter erlebt. Seine Blicke kreuzten sich mit denen von Rudi.

Jetzt war Max sich sicher, dass der das gleiche Gefühl hatte.

Dem Ludwig Rindl konnte man ansehen, wie gut ihm dieser Tag mit seinen Freunden in der freien Natur getan hatte. „Endlich einmal einen Tag fast nicht drandenken müssen." Mit diesen Worten hatte er sich bei Eva verabschiedet.

Kapitel 14: Wolfauslassen II

Max war, nach dieser anstrengenden Tour, eigentlich saumüde, aber ihm fiel mit Schrecken ein, dass er den Termin mit der Schmugglerbuchautorin Marita Haller und dem Hasensperl Rudi auf den heutigen Abend gelegt hatte, den letzten, den Rudi noch in Zwiesel verbringen würde. Im Bräustüberl, dem Stammlokal des Ex-Kriminalers wollte man sich treffen. Also duschen, anziehen und ab zum Bräustüberl.

Eva schüttelte den Kopf, als sie hörte, wie Max beim Schuhanziehen ächzte: „Stress, Max, du machst dir Stress! Erst Maurenzen, dann die Schneeschlacht am Osser mit anschließendem Bordellbesuch bis in die tiefe Nacht hinein, jetzt auch noch die offenbar mit übermenschlichen Strapazen verbundene Böhmerwaldüberquerung! Wenn du mit mir mal länger als eine Stunde spazieren gehen sollst, dann jammerst du über dein schlimmes Arthroseknie. Ich glaub dir nichts mehr, Max Esterl, du bist ein übler Simulant."

Max wusste, dass er diese Woche sein Konto bei Eva kräftig überzogen hatte.

„Ich verspreche dir, Eva, dass ich dir die nächsten Tage den Hirtaspruch besorge, den die Wolfauslasser aufsagen. Und auf den Hennenkobel geh ich auch mit dir am Samstag. Und am Sonntag mit dir in die Kirche."

Eva musste lächeln und gab ihrem Mann einen Klaps, als sie ihm in den Mantel half. „Der Hirtenspruch würd´ reichen. Ich bin ja schon froh, wenn du nur den normalen Unsinn machst, den anscheinend alle Männer in deinem Alter machen. Hauptsache ist, dass du keine Kriminalfälle mehr löst."

Das Bräustüberl war, wie an jedem Samstag, gut gefüllt. Die Stammgäste saßen, wenn sie nicht gerade zum Rauchen vor der Wirtshaustür waren, rund um den großen, grünen Kachelofen, an ein, zwei Tischen wurde Karten gespielt. Max steuerte den einzigen fast leeren Tisch an. Dort saß Rudi allein, vor sich einen großen Teller mit einer riesigen Schweinshaxe drauf. Rudi ließ es sich gut gehen nach den Strapazen des heutigen Tages. Kaum hatte der tschechische Kellner Jiří dem Max sein Bier serviert, da kam auch schon die Autorin des Schmugglerbuches, Marita Haller, an den Tisch der zwei Freunde. Viel Zeit habe sie nicht, erklärte sie ohne Umschweife, aber Fragen zum Schmuggeln beantworte sie gerne.

Der Rudi hatte viele Fragen. Zunächst interessierte er sich für die Dinge, die er aus den Erzählungen seiner Eltern kannte: Für die alten Pascherwege, für Namen von Paschern. Rudi wusste noch erstaunlich viel, und so kam ein auch für Max Esterl anregender Dialog zustande. Schließlich diskutierten die beiden *Fachleute* über die Zeit nach dem Zweiten Weltkrieg, als die deutschen Böhmerwäldler versuchten, ihr ganzes Hab und Gut über die schwer bewachte, aber noch nicht hermetisch abgeriegelte Grenze zu bringen.

Auch Rudis Vater hatte damals oft in der Nacht die Grenzberge überquert, um viele Sachen zu holen, die man bei der Vertreibung zurücklassen hatte müssen. Besonders interessant fand Max Esterl die Geschichte von einer Schmuggeltour, die schlimm hätte enden können.

Rudis Vater und einer seiner Freunde hatten sich eines Abends von zwei amerikanischen Gis oben auf einem der Schachten schon beim Grenzübertritt nach drüben erwischen lassen. Wie sie es fertiggebracht hatten, das wusste der Rudi nicht, aber die beiden jungen Burschen schafften es, die allzu sorglosen Amerikaner schon nach kurzer Zeit zu entwaffnen. In die Freude darüber, die Amis übertölpelt zu haben und damit einer harten Strafe entgangen zu sein, mischte sich aber bei beiden sofort die Angst. Die Angst, dass nach ihnen beiden gefahndet werden würde, dass die US-Soldaten sie wiedererkennen und sie schließlich doch im Gefängnis landen würden. Wo es doch noch so viel rüber zu transportieren gab!

Rudis Vater hatte schließlich die erlösende Idee: Ein Glück, dass sie bei der Überwältigung der Amis stumm agiert hatten, Augenkontakte hatten ihnen genügt. So beschimpften sie ab jetzt die armen GI´s aufs Übelste auf Tschechisch mit Ausdrücken, von denen sie selbst nicht immer wussten, was diese bedeuteten. Und sie verließen die inzwischen heulenden jungen Soldaten, natürlich mit deren Waffen in ihren Rucksäcken, in Richtung Böhmen.

Zwei Tage später, die beiden waren auf anderen Wegen inzwischen längst wieder wohlbehalten daheim angelangt, lasen sie in der Zeitung die Version, die die beiden Amerikaner ihren Vorgesetzten aufgetischt hatten:

Sie seien von einer Gruppe schwer bewaffneter Tschechen angegriffen, überwältigt und entwaffnet worden. Widerstand sei sinnlos gewesen. Und dann hätten die Tschechen sie auch noch unflätig beschimpft.

„Diese Aussage der Amerikaner hätte fast zu ernsten diplomatischen Verwicklungen geführt", lachte Rudi, „denn die frechen Tschechen stritten einfach alles ab!"

Danach brachte Rudi das Gespräch noch auf die modernen Schmuggler, die es natürlich auch gab: Die kleinen Zigaretten- oder Drogensuchtler, die ihren Monatsbedarf in den seit vielen Jahren provisorischen Verkaufsbuden der Vietnamesen kurz hinter der Grenze deckten und die professionellen Schmuggler, die vor allem Drogen und Waffen auf allen möglichen, raffinierten Wegen nach Deutschland brachten.

Marita Haller erzählte dem überaus interessierten Rudi viel darüber, was ihr seit dem Erscheinen ihres Buches von allen möglichen Seiten zugetragen wurde:

„Ihr glaubt es ja gar nicht, von welchen Schmuggelmethoden meine Leser mir erzählt haben. Die tischen mir Geschichten auf, für die sie Mords Strafen kassieren würden, wenn ich sie den Behörden verpfeifen würde. Andere wiederum sind Opfer von Schmugglern geworden, ohne etwas davon zu wissen. An ihren Autos wurden Päckchen mit Schmuggelware angebracht, die sie ahnungslos über die Grenze transportierten. Da schaut man dumm aus der Wäsche, wenn der Zoll Waffen oder Drogen unter dem Auto hervorzieht, von denen man nichts gewusst hat."

Rudi Hasensperl wollte gerade etwas erwidern. „Aus meiner Sicht“, so hatte er begonnen, aber er brach mitten im Satz ab. Geräusche hatten sich von der Straße her genähert, mit denen der Münchner Staatsschützer nichts anfangen konnte, die ihn aber offensichtlich beunruhigten. Erst hörte man, noch einigermaßen entfernt, ein rhythmisches, tiefes Grollen, ein Wummern, ein ständig anschwellendes monoton schepperndes Getöse, das immer näher kam. Dann Stille. Und in die Stille hinein peitschten Schüsse! Der Rudi zeigte sich aufs Äußerste alarmiert, sein Blick, mit dem er seinen Nachbarn Max Esterl ansah, wirkte gehetzt, sein Mund stand offen, sein Gesichtsausdruck war fast ein wenig panisch.

Erst als Rudi die entspannte Haltung und das Lächeln seines Gegenübers sah und als er merkte, dass die vermeintlichen Schüsse einem abgezählten Rhythmus folgten und schließlich ganz erstarben, erst dann begann die Spannung von Rudi abzufallen.

„Was ist …?“, versuchte Hasensperl zu fragen, aber der Satz wurde ihm abgeschnitten, die Wirtshaustür flog auf und herein kam ein großer, mit einer alten, dunklen Joppe gewandeter bärtiger Mann, der einen von Fichtenbuschen gekrönten Stecken schwang, und dann folgte ihm scheppernd einer nach dem anderen, eine Horde von etwa zwanzig zerlumpten, in uralte Kleidung gehüllten Gestalten durch die Wirtshaustür, von denen jeder einen mit Fichten- oder Tannenzweigen geschmückten Hut aufhatte und eine Kuhglocke an einem breiten Ledergurt um den Hals trug. Einige von ihnen hatten sich ihre Gesichter mit Ruß geschwärzt, so dass ihre hellen Augen geisterhaft unter den dunklen Hüten hervorschienen.

Die Unterhaltungen im Wirtshaus waren verstummt, selbst die Spieler am Stammtisch hatten ihre Karten weggelegt. Die wilde Horde hatte sich um den großen Mann geschart, der, Ruhe gebietend, seinen fichtengeschmückten Stecken über seinem Kopf schwang.

„D´Wolfauslasser hand da", schrie Max seinem Freund ins Ohr. „Film´s, wennst dei Handy dahast." Von der anderen Seite ihres Tisches her signalisierte Marita Haller, sich die Ohren zuhaltend, dass sie gehen müsse. „I derpacks net, de Lautstärke!", rief sie. „Pfiat enk!"

Die beiden Männer hatten kaum Zeit, der Autorin zuzuwinken. Rudi packte sein Handy aus und nestelte ein wenig daran herum, als auch schon der große Bärtige, der Hirta, wie Max seinem Freund erklärte, lautstark im Bayerwalddialekt zu deklamieren begann:

„I bin da Hirt mit seiner Girt, han sechsazwanzg Wochan mit Freidn ausghiat…".

Das Gedicht, von dem selbst der Dialekt sprechende Rudi nur die Hälfte verstand, handelte von den Mühen eines Hirtensommers auf den Waldweiden, den Schachten. Zum Schluss hob der eh nicht gerade leise Hirta noch die rechte Hand, die eigentlich keine Hand, sondern eine Riesenpratzn war, und seine Stimme und kam zu den Schlusszeilen seines Hirtaspruchs, den drei Zeilen, die auch Max von seiner Bubenzeit her noch geläufig waren:

„Hatt´s oizamm do?

Geht koana mehr o?

Dann riegIts enk!“

Und die Wolfauslasser riegelten sich und ihre Glocken erzeugten ganze Klangkaskaden, die in der niedrigen Wirtsstube so laut dröhnten, dass einige der Gäste schon begannen, sich ihre Ohren zuzuhalten. Doch es wurde noch lauter. Die Glocken, deren größte wohl fast einen halben Zentner wiegen mochte, fanden nach und nach zu einem Rhythmus zusammen, die Burschen und Männer, die sie trugen, wippten mit ihren Gesäßen so nach vorne, als würden sie Beckenbodengymnastik betreiben, oder sah das nicht eher aus wie eine Stoßbewegung beim Geschlechtsakt? Egal. Auf alle Fälle hatte das Ganze etwas ungeheuer Dynamisches, Archaisches, fast Animalisches, etwas, das Max an afrikanische Voodootänze oder an die Marterpfahlrituale aus den Karl May-Filmen erinnerte.

Wie im Film zog an Max die Erinnerung an seine Kinderzeit vorbei. Wie sie in der Schule schon Wochen vorher ihre Wolfauslassergruppe zusammengestellt hatten, wie sie beim Kraus-Seiler in der Einsiedeleistraße um ein Fünferl den Hanf und ein Zwanzgerl die Stricke für die Peitschen, die Droscherer gekauft hatten, wie sie tagelang mit den Droscherern geübt hatten, wie er, der kleine Maxl sich ein ums andere Mal die Peitschenschnur selbst ins Gesicht gefetzt hatte, solange, bis er heulend vor Zorn, Schmerz und Scham den Peitschenstiel zerbrochen hatte. Und wie sie dann am Vorabend von Martini alle fünf Wirtshäuser, die es damals in der vielleicht 300 Meter langen Angerstraße gab, heimgesucht hatten: Den *Kuchlerwirt*, wo der Vater vom Max am Stammtisch saß, den *Schreder*, den *Lackerbauer*, wo der Vater vom Helmut Stammgast war, die *Frische Quelle*, in der sie den Papa vom Leo trafen und schließlich noch den *Schönauer*, wo der Vater vom Max auch oft war, aber heute nicht, weil er ja beim Kuchler war.

Einer der Wolfauslasser, die inzwischen, nach Beendigung des Hauptspektakels mit ihren Hüten zum Sammeln gingen, riss Max Esterl aus seinen nostalgischen Gedanken. Auch sie waren ja als Kinder froh gewesen, wenn sie ein paar Fuchzgerl oder sogar eine Mark aus ihren Trachtenhüten hatten holen können, und so legte der Pensionist einen Zehner in den Hut. Beim Rudi kam anscheinend seine angestammte Sparsamkeit wieder zum Durchbruch. Obwohl er das Spektakel vom Anfang bis zum Schluss gefilmt hatte und er dies sicher daheim seiner Frau stolz präsentieren würde, langte es bei ihm zu nicht mehr als einem Zwickl.

Auf dem Nachhauseweg vom Bräustüberl den wie ausgestorbenen Zwieseler Stadtplatz hinauf hörten sie ständig von irgendwoher das Läuten der Wolfauslasser. Am Tag vor Martini war in Zwiesel nicht nur der Innenrieder Wolf unterwegs, der gerade im Bräustüberl Station gemacht hatte, sondern auch der Griesbacher, der Klautzenbacher und der Bärnzeller. Max freute sich darüber, dass zwar die Stadt Zwiesel, aber nicht der Wolfauslasserbrauch ausgestorben war.

Bevor er zum Glashotel abbog, hatte sich Rudi bei Max bedankt: Für die Gastfreundschaft, für die beiden schönen, aber anstrengenden Touren, die Max mit ihm gegangen war. Bei seinem Abschied hatte er einen Schlusssatz fallen lassen, der Max Esterl zu denken gegeben hatte: „Es war sehr, sehr aufschlussreich."

Lange hatte Max überlegt, was dieser Satz wohl zu bedeuten hatte, und er war zu der Überzeugung gelangt, dass seine Ahnungen ihn nicht getrogen hatten: Der Rudi war nicht nur zum Vergnügen hier gewesen, Kruminale! Das Hotel, so vermutete Max, zahlte der Staat. Darum hatte Rudi, der Knicker, ein gutes gewählt. Den Obulus für die Wolfauslasser dagegen konnte der Rudi nicht absetzen. Darum der lausige Zwickl.

Es sollte aber noch einige Zeit dauern, bis dem Ex-Kommissar ein Licht aufging und er entdeckte, was wirklich dahintersteckte.

Für´s Erste aber waren dem Max Rudis Motive und Ziele egal. Er war nicht scharf darauf, sich in irgendetwas verwickeln zu lassen und er hatte noch Evas Worte von heute Abend im Ohr: „Hauptsache ist, dass du keine Kriminalfälle mehr löst."

Max nahm sich fest vor, in Zukunft diese Worte zu beherzigen. Nichts würde ihn von diesem Entschluss mehr abbringen.

Eva werkelte noch in der Küche, als Max heim kam. Er erzählte ihr von den Wolfauslassern im Bräustüberl.

„Und, hast du an mich gedacht, hast du den Hirtenspruch mitgebracht?"

Max erschrak. Natürlich hatte er nicht daran gedacht.

„Eva, du kannst dir gar nicht vorstellen, was da für ein Lärm und ein Krach war, da hätt ich gar nicht mitschreiben können und zum Fragen, zum Fragen wär da niemals Zeit gewesen, wie stellst du dir denn das vor?"

„Dann nimmt man halt sein Handy, wie es alle machen, und nimmt das Ganze auf. Aber mein Gatte hat ja sein Handy nur für die Notfälle. Und da vergisst er es!"

„Eva, du bist ein Genie! Weißt du, wer das Wolfauslassen aufgenommen hat, vom Anfang bis zum Ende? Der Rudi. Den ruf ich sofort an, jetzt ist er noch nicht im Bett, der kann mir den Film schicken. Geht das überhaupt? Ein Foto schon, das weiß ich, das kann man schicken, aber einen ganzen Film?"

Eva überdrehte die Augen.

„Gib mir den Rudi, wenn du ihn an der Strippe hast, dann wird das Problem unter Experten besprochen."

Max fühlte sich plötzlich alt. Uralt. Seine Oma hatte er damals stets ausgelacht, als sie ihn jeden Abend um kurz vor acht gebeten hatte, das *Fernsehkastl* zu bedienen. „Maxl, schalt ma d´Nachrichtn ei, i mecht doch wissen, wos passiert is, draußd im Reich."

Eine Minute später hatte Eva ihre Videoaufnahmen vom Wolfauslassen und vor allem vom Hirtaspruch.

Kapitel 15: Die Suche geht weiter

In den folgenden Wochen wurde weiterhin intensiv nach Emma gesucht. Aber die Hoffnung, sie zu finden, die schwand zusehends. Dass Emma noch leben könnte, daran glaubte, außer ihrer Mutter und ihren Großeltern, sowieso niemand mehr. Der Schnee, der die Suche zusätzlich behinderte, war von heftigen Novemberstürmen und Regengüssen zwar dezimiert worden, Spuren waren trotzdem kaum mehr zu finden.

Alle Möglichkeiten wurden in Betracht gezogen, immer wieder wurden Hubschrauber eingesetzt, die Nationalparkleute waren sowieso nach wie vor den Wölfen auf den Fersen gewesen, jetzt suchten sie zusätzlich nach ihrer Kollegin, die, wie Max aus den Gesprächen mit Anke Brandt erfuhr, offenbar bei allen beliebt gewesen war.

Obwohl, wie immer bei solchen Fällen, eine Unzahl von *Zeugen* sich meldete: Einen brauchbaren Hinweis auf ihr Verschwinden konnte keiner geben. Nur eine Winzigkeit von einer Spur hatte Esterl registriert:

Anke Brandt hatte, ganz nebenbei, etwas erwähnt, was ihm, dem erfahrenen Ermittler, sofort aufgefallen war: Ein Ranger, der oft mit Emma zusammen war, hatte erzählt, dass Emma seit einigen Wochen, so oft es ging im gleichen Gebiet unterwegs war, nämlich zwischen den Ortschaften Scheuereck, Spiegelhütte, Buchenau und der Grenze. Er selber, so der Ranger, sei auch oft dort, und er habe der Emma auch zweimal dabei zugesehen, wie sie aus einer Deckung heraus mit ihrem Fernglas etwas beobachtet oder gesucht habe.

Als er sich ihr genähert habe, sei sie erst erschrocken und habe dann etwas wie „die krieg ich schon" gemurmelt. Der Rangerkollege habe an illegale Beeren- oder Schwammerlsammler gedacht, die hier im Kerngebiet oft ihr Unwesen trieben.

„Die Emma, die hatte schon einen gewissen Hang, Ordnung zu schaffen und genau auf die Einhaltung der Nationalparkregeln zu achten", hatte der Kollege gesagt. „Das hatte sie von ihrem Opa, dem Polizisten."

Illegale Schwammerlsucher. Kruminale! Max konnte sich beim besten Willen nicht vorstellen, dass die etwas mit Emmas Verschwinden zu tun hatten. Dann schon eher die Wölfe.

Die Zahl der freien Wölfe reduzierte sich im Laufe der nächsten Wochen. Einer wurde in der Nähe von Linz gesichtet, einer war nach Tschechien emigriert, einer kehrte freiwillig zu den Fleischtöpfen des Nationalparks zurück, zwei wurden erschossen. In ihren zusammengeschrumpelten Mägen fand man nichts als ein paar lausige Hühnerknochen und Fallobst. Kein Hinweis auf Emma.

Die Gespräche in den Wirtshäusern und am Hacklsteckenstammtisch, den Rindl seit Emmas Verschwinden mied, drehten sich wieder um Alltägliches: Den Exodus der Geschäfte aus der Zwieseler Innenstadt, den Rückgang der Übernachtungszahlen, die zu Ende gegangene Schwammerlsaison, die Todesanzeigen im Lokalblatt und schließlich um den Schnee, der dieses Jahr ganz entgegen dem Erderwärmungstrend den gesamten Bayerischen Wald und den Böhmerwald bereits im Advent bedeckte und der von Woche zu Woche mehr wurde. Max freute sich. Er hatte Eva oft von den Schneemengen seiner Kindheit erzählt und von den Bergen, die sich vor ihrem Haus aufgetürmt hatten, so hoch, dass der kleine Maxl es sich zur Gewohnheit gemacht hatte, aus dem Küchenfenster im ersten Stock zu springen. Eva hatte still gelächelt dabei und Max hatte ihr angesehen, dass sie, die Großstädterin, ihrem Mann nicht glaubte. Jetzt sah sie selbst, was ein richtiger Winter in Bairisch Sibirien war.

Am Nikolaustag spürte Max Esterl irgendwie das Bedürfnis, den Rindl Ludwig zu besuchen. Ihm war schon aufgefallen, dass man den Ex-Polizeichef kaum noch zu Gesicht bekam und er konnte sich vorstellen, wie es bei den Rindln daheim aussah. Max mochte sich gar nicht ausmalen, wie es ihm und Eva ergehen würde, wenn etwas Schlimmes mit Anna, ihrer Ziehtochter passiert wäre.

Ludwig Rindl öffnete die Haustür.

„Du bist es, Max. Willst reinkommen?"

Offensichtlich hatte der Ex-Polizeichef gesoffen, sein Atem stank nach Bier und Schnaps, sein Blicke waren vernebelt und seine Bewegungen unsicher. Ludwig schien weit weg zu sein, der Realität irgendwie entrückt. Selbst die Kommunalpolitik interessierte ihn nicht mehr. Sogar sein Spezialthema, die Verkehrsberuhigung in der Zwieseler Innenstadt, über das er sich noch vor Wochen unglaublich ereifern hatte können, sogar dieses ehemals rote Tuch rief keine Reaktion beim Verkehrsexperten Ludwig Rindl hervor.

Erst als ihr Gespräch sich um den Fall der vermissten Emma drehte, kam Leben in die Jammergestalt. Ludwig straffte sich, sein Gesicht nahm einen ganz anderen, einen harten Ausdruck an:

„Die Emma, die ist umgebracht worden. Und den Täter, den finde ich. Das garantier ich dir. Und ich bring ihn um! Da kann mich keiner aufhalten, Max. Du nicht und die anderen schon gar nicht. Ich weiß doch, wie die Dinge laufen. Meine Frau und meine Tochter denken immer noch, die Emma könnte wiederkommen. Aber ich bin Realist. Die Emma kommt nicht wieder. Die Emma ist umgebracht worden. Und alles, alles schaut so aus, als ob der oder die Täter wieder einmal davonkommen. Ich habe mir meinen Reim gemacht, Max Esterl. Weißt du noch, wer uns bei unserer Tour von Hurkenthal rüber begegnet ist?" Max nickte. Auch er hatte sich seine Gedanken über die beiden sonderbaren Tourengeher gemacht.

„Ich hab´ noch meine Quellen von früher her. Ich bekomme alle Informationen, die ich brauche, das darfst du glauben. Diesmal geht es mir nicht so, wie bei unserem letzten Fall. Da ist uns der Sykora, die Drecksau, abgehauen und wir sind dagestanden. Das wird mir bis an mein Lebensende stinken und das passiert mir nie mehr. Hörst du, nie mehr wird mir das passieren. Den, der die Emma auf dem Gewissen hat, den krieg ich, wer immer es auch ist!"

Ludwigs Gesicht hatte bei seinen Worten die für ihn typische tiefrote Farbe angenommen. So gefiel er Max schon viel besser, jetzt war wenigstens wieder Leben in ihm. Nur die Rachegedanken an den beiden dubiosen Gestalten, die musste man ihm noch ausreden. Aber dass der Ludwig den Sykora erwähnt hatte, das war schon sonderbar. An den Sykora hatte Max nämlich auch schon längere Zeit gedacht. Nichts wies eigentlich darauf hin, dass der Halunke wieder seine Hände im Spiel hatte. Aber Max Esterl hatte eine feine Spürnase. Irgendwie roch er eine Spur.

Beweise gab es natürlich keine.

Vielleicht aber war es gar nicht so schlecht, wenn der Rindl den oder die Täter ein wenig unter Druck setzte, vielleicht machten sie dann Fehler.

Kapitel 16: Probleme im „Roten Herz“

An Weihnachten kam Anna zu Besuch, die Ziehtochter der Esterln, sie hatte ihren Freund Toni Ašnbrenr aus Kašperské Hory, eingeladen, es wurde viel gesungen und gelacht. Nur an Silvester kam eine sehr wehmütige Stimmung auf. Es war Anna, die an die nur wenige Jahre jüngere Emma erinnerte. Alle in der Familie mussten an die Rindln denken. Wie es wohl bei ihnen ausschaute, heute, in dieser Nacht?

Max Esterl war es gewöhnt, dass am Neujahrstag Freunde und Verwandte anriefen, um ihm ein gutes Neues Jahr zu wünschen. Einen Anruf seiner Freundin Irmi vom *Roten Herz* in Železná Ruda allerdings hatte Max nicht erwartet. Die schöne Chefin des tschechischen Bordells, die eigentlich aus Straubing stammte, hatte dem Ex-Kommissar und seinem tschechischen Freund, dem Oberst Pepi Holub, in den letzten Jahren einige Male bei ihren Ermittlungen geholfen.

Nach dem Austausch der obligatorischen Neujahrswünsche kam Irmi sehr rasch auf den eigentlichen Grund ihres Anrufs zu sprechen: „Max, ich hab da, wir haben da ein Problem im Roten Herz. Seit vorigem Herbst geht es schon so.“ Irmi schilderte ihrem Freund, dass vor einigen Monaten in Železná Ruda ein neues Bordell aufgemacht habe. Das war nichts Ungewöhnliches, in der Grenzstadt gab es mehrere davon, die meisten wurden einigermaßen seriös geführt. „Unter seriös“, so lachte Irmi, „darfst du dir natürlich nicht vorstellen, dass es bei uns wie im Ponyhof zugeht. Es gibt hier Gewalt, einige der Mädels sind nicht ganz freiwillig da, all das gehört dazu in unserem Milieu. Aber wem sag ich das. Du warst ja lange genug bei der Polizei. Wir im Roten Herz sind da schon eine Ausnahme, bei uns werden die Mädels anständig behandelt."

Als Max sich laut räusperte, beeilte sich Irmi hinzuzufügen, dass man manchmal auch ein wenig streng sein müsse zum Personal, alles dürfe man sich nicht gefallen lassen. Aber seit dem Herbst gebe es ein neues Puff, das gegen alle ungeschriebenen Gesetze des horizontalen Gewerbes verstoße.

„Max, das ist Menschenhandel, den die betreiben. Junge Ukrainerinnen, Rumäninnen, denen die Pässe abgenommen werden, die brutalst gefügig gemacht werden, das kannst du dir gar nicht vorstellen."

„Irmi, erzähl das deinem Stammgast, dem Pepi Holub. Ich kann doch da überhaupt nichts machen. Ich bin nicht mehr im Dienst und ich w a r bei der deutschen, nicht bei der tschechischen Polizei."

„Das weiß ich ja, Max, ich bin doch nicht blöd. Beim Oberst Holub war ich auch schon. Das heißt, der Pepi war bei mir."

Max wusste, dass Polizeioberst Pepi Holub regelmäßig die Dienste der Irmi in Anspruch nahm.

„Kruminale, er kann´s immer noch nicht lassen, der alte Bock", entfuhr es Max Esterl.

„Über den Pepi lass ich nichts kommen, er ist unser angenehmster Gast. Der hat Manieren. Aber in dem besagten Fall hat er uns bisher auch nicht helfen können. Und er hat gemeint, ich solle mich an dich wenden.

Du hast zwar gesagt, dass du nichts tun kannst, aber hör erst mal zu, was ich von dir möchte."

„Erzähl!"

„Das mit dem neuen Bordell und den Brutalomethoden hab ich dir ja schon gesagt, Max. Aber das ist nicht unser Bier, obwohl es irgendwie auch unseren Ruf schädigt. Das Problem ist, dass dieses Bordell von Leuten aus Deutschland betrieben wird, Leuten aus Zwiesel, die mir, die uns Angst machen."

„Jetzt hör aber auf, Irmi! Leute aus Zwiesel, die dir Angst machen?", versuchte Max zu scherzen, „du hast voriges Jahr im Fall mit den Mumien einen der gefährlichsten tschechischen Großgangster im Genick gehabt, du hast auch der Russenmafia schon die Stirn geboten, wer aus dem Friede-Freude-Eierkuchenstädtchen Zwiesel könnte D I R Angst machen? Der Bürgermeister und sein Stadtrat, mit denen könnte einem manchmal Angst und Bange werden…"

„Hör du auf, Max, mir ist überhaupt nicht zum Scherzen. Das *Scorpions* wird von einer Motorradgang betrieben, die auch *Scorpions* heißt, die in ganz Deutschland ihre Ableger hat und eine Menge Geld mit Prostitution macht."

„Und mit Waffenhandel", ergänzte der Ex-Kommissar. „Ich kenne die Brüder, die haben uns auch in München damals ganz schön zu schaffen gemacht. Die sind wirklich straff organisiert und schrecken vor nichts zurück. Zwei von denen haben mich sicher noch ganz gut in Erinnerung." Max lachte. „Die sitzen seit einigen

Jahren in Stadelheim in der JVA. Na ja, jetzt könnten sie langsam schon wieder draußen sein."

„Dann bin ich ja genau richtig bei dir, Max, dann kennst du dich ja aus. Diese Scorpions haben vor einiger Zeit in Zwiesel ein *Chapter* aufgemacht, eine Zweigstelle sozusagen. Und deren Außenstelle wiederum ist das *Scorpions*, das neue Puff in Železná Ruda. Ich hab´s ja schon gesagt, Max, in unserem Geschäft arbeitet niemand mit Samthandschuhen, auch wir nicht, aber was die Scorpions da abziehen, was die mit den Frauen aus dem Osten machen, das ist mehr als brutal. Und uns setzen sie unter Konkurrenzdruck, sie machen Dumpingpreise. Na gut", korrigierte sich Irmi, als sie hörte, dass Max ihr etwas vom freien Markt entgegenhielt, „das mit den Preisen müssen wir akzeptieren und mit Leistung dagegenhalten."

Max versuchte sich vorzustellen, was die Irmi, die einige Semester Wirtschaft studiert hatte, in dem Fall unter Leistung verstand.

„Aber, Max, das ist ja längst noch nicht alles. Wir brauchen neuerdings schon bewaffnetes Wachpersonal. Einen unserer Aufpasser haben sie zusammengeschlagen, unsere Kunden bedrohen sie, meinst du, die kommen nochmals ins Rote Herz, wenn ihre Reifen zerstochen wurden, trotz Videoüberwachung. Wir haben uns die Aufnahmen angeschaut. Einwandfrei zu erkennen, wer die Reifenstecher sind. Nein, nicht zu identifizieren, aber sie tragen Lederkleidung und Motorradhelme, auf denen man ihr Markenzeichen sieht, den Skorpion."

„Genau das brauchen wir in Zwiesel, Kruminale!“, murmelte Max ins Telefon. „Das letzte gescheite Geschäft auf dem Stadtplatz hat vor wenigen Wochen zugemacht, wir haben nur noch zwei eigenständige Metzger und nur noch zweieinhalb Bäcker in unserem Städtchen, dafür machen die Scorpions eine Filiale auf.“

„Ja, Max, und darum brauchen wir deine Hilfe. Der Pepi Holub hat das übrigens auch gemeint. Die Prostitution bei uns in Tschechien ist so ein Graubereich, da kannst du niemanden fassen, die Reifenstecher, die Schläger, das ist alles Pipifax für die Polizei hier. Aber die Scorpions, so hat der Pepi gesagt, die drehen noch ganz andere Dinge, die sind bekannt dafür. Wenn du schon mit ihnen zu tun hattest, dann weißt du ja Bescheid. Die deutsche Polizei brauch ich da auch nicht zu bemühen. Die reagieren leider erst, wenn direkt was vorliegt und wenn es in Deutschland passiert ist. Und Amtshilfe wegen Reifenstechern? Das wäre wohl zu viel verlangt. Darum: Max, schau dich mal um, hör dich um. Die haben noch mehr Dreck an ihrem Stecken. Vielleicht kannst du was rauskriegen. Tu´s mir zuliebe.“

Max glaubte, den Augenaufschlag von Irmi zu sehen, eine leise Berührung von ihr am Arm zu spüren und ihr dezentes Parfüm zu riechen.

„Klar Irmi, mach ich doch, für dich tu ich das schon.“

„Super, Max, hast was gut bei mir.“

Max hatte schon lange etwas gut bei Irmi, aber er hatte ihre Gut-Zetterl noch niemals eingelöst. So war es besser für ihn und für Irmi, fand er. Und natürlich auch für Eva, seine Frau.

Diese allerdings erklärte ihren Mann für verrückt, als der ihr erzählte, was er für Irmi tun sollte. „Misch dich da nicht ein. Du weißt doch, wie gefährlich gerade diese Motorrad-Gangs sind! Geh Skifahren, jetzt wo endlich ein Winter mit mehr als genug Schnee ist oder Langlaufen. Aber lass deine Finger von diesen Scorpions. Bei der Suche nach der Emma seid ihr auch nicht weitergekommen, häng dich da noch mal rein, das wäre wichtiger als der Irmi die Konkurrenz vom Hals zu schaffen. Aber wenn die schöne Irmi auch nur mit den Augen zwinkert, da seid ihr schon Gewehr bei Fuß, der Pepi Holub und du.“

Hörte Max da einen Anflug von Eifersucht? Das kannte er eigentlich gar nicht von Eva. Als ob er auch nur daran denke, mit der Irmi…? Der Holub schon, der war ja immer noch total testosterongesteuert, aber er, Max Esterl! Obwohl er gestehen musste, dass er schon nah daran gewesen war und dass die Irmi schon irgendwie einen Reiz auf ihn ausübte.

„Geh, Eva, ich bin doch im Rentenalter.“

„Gerade dann wird es bei manchen am Schlimmsten. Dann meinen sie, sie hätten etwas versäumt und müssten das nachholen. Torschlusspanik, Max. Hoffentlich bricht die nicht auch bei dir aus.“

Max musste lachen bei dem Gedanken an Torschlusspanik. Wenigstens war keine Rede mehr von den gefährlichen Motorradgangs.

Die Suche nach der Emma allerdings, da hatte Eva recht, die war in letzter Zeit gewaltig ins Stocken geraten. Kein Hinweis, kein Zeuge, der sich gemeldet hätte, keine Nachricht von ihr. Ihren PC hatten sie ausgewertet, nichts!

Kapitel 17: Motorradrocker

Max Esterl begann seine Recherchen im Bräustüberl. Das war zwar nicht gerade ein Bikertreff, aber dort liefen viele Informationen zusammen, irgendjemand wusste immer was. Allerdings konnte Max nicht einfach kommen und direkt nach den Scorpions fragen. Das hätte zu viel Aufsehen erregt. Die Stammtischler kannten Max und sie wussten, dass er immer wieder noch bei polizeilichen Ermittlungen half. Also galt es, Informationen einzuholen, ohne dass die anderen das merkten. Wer konnte wissen, ob nicht einer der Gäste den Motorradrockern ganz nahe stand? Das Bräustüberl war ein Biotop, in dem alles gedieh.

Erst mal sitzen und Ohren spitzen.

Als Max das Lokal betrat, sah er, dass am Stammtisch neben dem Kachelofen eine Partie Watten lief. Das Watten ist ein Kartenspiel, das dazwischen auch einen *Schmaatz* erlaubt, es erfordert nicht so viel an Konzentration wie das Schafkopfen. „Passt ganz gut", dachte sich Max, denn einer der vier Watter war der Bernhard, Apotheker und Freund aus alten Jugendtagen. Der war immer mit dem Motorrad unterwegs und kannte sich in diesen Kreisen sicher gut aus. Außerdem kannte er von seiner Apotheke her Gott und die Welt.

Nachdem der Watterer ausgespielt war war, zog Max seinen Freund zur Seite und fragte: „Hast kurz Zeit, Bernhard?" „Klar, Max, wollt zwar grad gehen, aber eine Halbe trink ich noch mit dir."

Max wartete, bis die anderen Stammtischbrüder gezahlt und sich verabschiedet hatten, dann überzeugte er sich, dass von den Nachbartischen her niemand zuhörte. Vor dem tschechischen Kellner Jiří, der heute auch Thekendienst hatte, brauchte Max sich nicht zurückzuhalten. Der hörte und sah zwar fast alles, aber er plauderte nichts von dem aus, was ihm von seinen Gästen im Laufe eines langen Wirtshaustages zu Augen oder Ohren kam. Nur bei Max machte der Jiří eine Ausnahme. Dem hatte er schon oft ganz brauchbare Informationen geliefert.

Als Bernhard hörte, wonach der Ex-Kriminaler seine Fühler ausstreckte, pfiff er leise durch seine Zähne.

„Weißt schon, mit wem du dich da anlegst?"

„Anlegen tu ich mich da mit niemandem", wiegelte Max ab, „ich hol nur ein paar Informationen ein, für einen, ...einen Bekannten."

„Sag deinem Bekannten als erstes, er soll aufpassen. Diese Leute verstehen keinen Spaß."

Dann erzählte der Bernhard seinem Polizistenfreund, was er von den Scorpions wusste:

„Im ehemaligen Hotel *Drei Birken* haben sie ihr Hauptquartier. Alleinlage, versteckt im Wald und von der Hauptstraße her nicht einsehbar, das stand doch seit der Pleite der Besitzer einige Jahre leer. Das haben die Scorpions vor wenigen Monaten billig gekauft und hergerichtet."

An das Hotel *Drei Birken* konnte sich Max noch gut erinnern. Oft waren sie dort als Teenager nach Sonntagsausflügen zum Tanztee eingekehrt. Mit Anzug und Krawatte und deutscher Schlagermusik! Peter Kraus und Freddy Quinn, später dann erst die Beatles und die Rolling Stones. Und immer auf Brautschau. Kruminale! Wie lang das jetzt her war! Während seiner vieljährigen Abwesenheit zum Dienst in München war das Hotel herabgewirtschaftet und schließlich als Unterkunft für Flüchtlinge verwendet worden.

„Du kennst doch den Girgl, sein Nachname fällt mir grad nicht ein, ungefähr unser Alter, vielleicht fünf Jahre jünger. Der immer schon mit seinen Motorrädern angegeben hat und der die scharfe Rockerbraut, die, die …ah, ihr Name fällt mir jetzt grad nicht ein. Du hast sie doch auch gekannt, wir alle waren scharf auf sie, weißt nimmer?"

„Ja, die, die … Kruminale! An die und an den Girgl kann ich mich noch gut erinnern. Aber ihr Name?. Sie hat immer so hot pants angehabt, wie die Höschen aufgekommen sind, ich seh sie noch vor mir, getanzt hat sie wie eine Göttin. Aber wie sie geheißen hat? Er, der Girgl, hat sich später Schosä genannt. Den weiß ich noch genau."

„Heut läßt er sich Tschortsch rufen, aber glaubst, dass mir partout nicht mehr einfällt, wie sie geheißen hat."

„Naz´Leit, dass es so was gibt! Tage- und vor allem nächtelang haben wir damals ihren Namen vor uns hergebetet und gehofft, dass sie uns in den *Drei Birken* oder später dann bei den berühmten Beatparties im Pfeffersaal einmal erhört und mit uns tanzt."

„Oder mehr mit uns macht als zu tanzen", ergänzte der Freund.

„Und dann hat sie der Girgl alias Schosä alias Tschortsch abgeschleppt."

„Ja, und der Tschortsch ist dann nach Nürnberg und dort hat er Karriere gemacht. Bei den Scorpions. Berüchtigte Motorradgang."

„Kenn ich. Bin ja vom Fach."

„Die sind dann vor einiger Zeit verboten worden. Vom damaligen Innenminister persönlich."

„Kenn ich, der hat mir meine Abschiedsurkunde überreicht. Persönlich. Und vom Verbot hab ich irgendwo gelesen."

„Der Tschortsch ist jedenfalls wieder nach Zwiesel zurück und hat einige seiner Freunderl von dem Scorpion-Chapter nachgezogen. Was die hier alles treiben, weiß ich nicht, der Tschortsch fährt auf alle Fälle entweder, wenn´s pressiert, einen heißen Reifen mit seiner Maschin, oder er cruist so zum Chillen in der Prärie herum, gerne auch in Böhmen. Da hat er mich auch schon mal aufgeregt, der Tschortsch, da ist er auf einer ganz engen Straße so mit um die 40 dahingekrochen und hat mich partout nicht überholen lassen."

Max wusste, dass der Apotheker nicht gerade mit großer Geduld gesegnet war. Er konnte seine damaligen Flüche buchstäblich hören.

„Und, hast ihn noch gepackt?"

„Eigentlich hätte ich schon längst vorher abbiegen müssen, in die Richtung, die ich mir für diesen Tag vorgenommen hatte. Aber ich hab´ gewusst, da vorne, da kommt eine lange Gerade mit einer Allee, da hab ich ihn gedupft, den Tschortsch. Und dann hat er aufgedreht. Einer wie der kann sich sowas nicht gefallen lassen."

„Und?“

Der Apotheker grinste nur und winkte ab. „Er wird sich mein Kennzeichen schon gemerkt haben. Ist ja einige Zeit dahinter hergejagt. Bis es kleiner und kleiner wurde.“

Max wusste nun genug und er hatte auch genug. Er trank seine Halbe aus.

„Danke, Bernhard, hast mir sehr geholfen. Wenn dir i h r Name wieder einfällt, sag´s mir. Kruminale, hast du nicht ein Mittel in deiner Apotheke, das gegen die Vergesslichkeit hilft? Ständig suche ich nach Namen, nach Lesebrillen, nach Autoschlüsseln. Ich krieg jetzt schon Angst, wie das wohl noch weitergeht bei mir?“

„Wenn ich ein Pulverl hätte, tät ich´s ja selber nehmen, Max.“

„*Alt werden ist nichts für Feiglinge.* Kennst du das Buch? Hat ein bekannter Schauspieler geschrieben. Wie der geheißen hat? Fällt mir jetzt grad nicht ein. Kruminale Bernhard, wir alten Deppen!

Jiří, bezahlen! Wieviel Halbe hab ich gleich noch gehabt?“

Die beiden Freunde zählten stumm mit ihren Fingern die Stricherl auf den Bierfilzln.

Kapitel 18: Tschortsch

Eva war, als Max ihr das Gespräch mit seinem Freund, dem Apotheker, wiedergab, überhaupt nicht überrascht. Was sie selber allerdings dann erzählte, das überraschte wiederum ihren Max.

„Die Scorpions, davon hat mir erst kürzlich eine Schülerin berichtet. Sie wohnt nicht weit weg von dem neuen Domizil dieser Alt-Rocker. Seit die Scorpions dort eingezogen sind, ist es aus mit der ländlichen Idylle. An den Wochenenden feiern die lautstarke Feste, Sauforgien offenbar, zu denen auch Frauen hingekarrt werden, abends machen sie hinter dem Haus Schießübungen, und dazu kommt ständiges Hundegebell. Die Nachbarn sind verärgert, verschreckt, trauen sich aber nicht recht, etwas zu unternehmen. Sie haben Angst.

Diese Schülerin ist ziemlich fit was Computer und so Elektronik-Kram anbelangt. Sie hat mir erzählt, dass sie seit einigen Tagen das Anwesen der Scorpions digital überwacht. Frag nicht, wie sie das anstellt und ob sie das überhaupt darf, aber ich glaube, die kann das, die Karo."

Max war erfreut, weil sich die Lage innerhalb kurzer Zeit geändert hatte und Eva nun sicher nichts mehr dagegen haben würde, dass er ein wenig ermittelte. Und wenn die Karo wirklich so gut war, wer weiß, was die ihnen liefern konnte? Die Frage, ob die Karo diese Aufnahmen überhaupt machen durfte, verdrängte Max Esterl einstweilen. Ein Glück, dass er schon pensioniert war und diese ellenlangen Datenschutzbestimmungen ignorieren konnte. Vor Kurzem hatte Max in der Zeitung gelesen, dass der Bürgermeister von Zwiesel von einer Kamera am Rathaus sogar den Stadtplatz überwachen ließ. Wenn das legal war, dann konnte niemand der Karo einen Vorwurf machen.

„Eva, kannst du mir einen Gefallen tun?“ Max hatte seine Stimme so deutlich auf Schmeichelmodus gestellt, dass Eva kritisch zu ihm hinüber sah: „Lass hören!“

„Könntest du nochmals mit der Karo sprechen und sie bitten, einen Zusammenschnitt ihrer Überwachungsaufnahmen zu machen und sie mir zu zeigen. Besonders die Mitglieder der Scorpions interessieren mich, aber auch andere Sachen: Ihre Autos, ihre Motorräder…“

„Bikes“, unterbrach ihn Eva.

„Was hast g´ sagt?“

„Bikes, Motorräder gibt´s scheint´s keine mehr, die sind verschwunden, ebenso die Motorradfahrer. Vor jedem Gasthaus an der B11 kannst du das Schild *Biker willkommen* lesen.“

„Also, meinetwegen, Frau Deutschlehrerin, dann soll die Karo eben die Bikes zeigen und nicht die Motorräder und die Biker, die sie gefilmt hat, oder sagt man auch nicht mehr filmen? Wenn sie die Bikes gescannt hat oder gezoomt oder sonst irgendwas, dann ist mir das auch recht, Hauptsache ich kann was damit anfangen.“

Die Karo, eine Vierzehnjährige mit schüchternem Zahnspangenlächeln, lieferte eine Woche später. Stolz zeigte sie dem Herrn Esterl auf ihrem PC die Zusammenschnitte der letzten zwei Wochen und Max war erstaunt über die Qualität der Bilder, die Karo geliefert hatte. Die Schülerin hatte die Aufnahmen von vierzehn Tagen nicht nur auf eine Kurzfassung von zwei Stunden Dauer reduziert, sie hatte auch nur lauter wirklich interessante Szenen ausgewählt.

„Von wo aus hast du denn gefilmt, Karo? Wo ist die Kamera postiert?"

„Af an Baam", antwortete die Karo im schönsten Waldlerdialekt, „direkt visavis vo eanan Haus."

„Und wer hat die Kamera dort oben fixiert?"

„Da Bene, mei Bruada. A guada Kraxler." Karo wollte lächeln, doch dann fiel ihr die Zahnspange wieder ein und sie brachte nur ein Grinsen zustande. Die nächste Frage vom Max schien die kluge Karo schon zu erahnen, denn sie grinste noch breiter und sagte: „An dem Tag hands furtgfahrn, de Scorpions, da is neamd dahoamgwen, außer dem Schäferhund, dem schoafn. Der hadn scho affekraxln gsehgn, an Bene. Bellt hadaraa, da Hund. Aba verrotn hat a eahna nix, dene Scorpions." Das Grinsen der Karo war jetzt verschmitzt geworden.

Die Bilder, von denen Karo anschließend nochmals eine Auswahl präsentierte, waren überraschend gut, nur manchmal merkte man das leise Schaukeln des Baumes, an dem die Kamera fixiert war. Die Aufnahmen zeigten den Hof des Anwesens, links lag die Garage, daneben war der Hundezwinger und auf der rechten Seite sah man die Eingangstüre, zu der fünf Treppenstufen hochführten und ein Fenster neben der Tür. Max konnte sich noch gut an die fünf Stufen erinnern, über die sie in ihren jugendlichen Duljöhs heruntergestolpert waren.

Karo hatte ausgezeichnet vorgearbeitet.

„Drei Personen hand owei da, de wohnand im Haus. Und oana is aa no mit draaf, der hats bsuacht. A tschechisches Nationalitätskennzeichen hat er."

Karo klickte die Maustaste und zeigte zwei Sequenzen. In der ersten waren die Hausbewohner deutlich zu sehen; sie verließen das Haus und bollerten dann mit ihren schweren Maschinen weg.

„Da, der da! Halt an, der da interessiert mich besonders."

Karo hielt den Film an und zoomte das Bild.

„Noch näher, ein wenig noch."

„Dann iss owa nimma so schoaf. Ois zwoa geht net. Schoaf und grouß." Karo war geduldig mit Max.

Der Gezoomte war groß, kräftig, natürlich in Ledermontur, sein Oberlippenbart sichelte sich links wie rechts hinunter zum Kinn. Max Esterl kramte in seinem Gedächtnis. War das der Girgl aus seiner Jugendzeit? Und war der identisch mit dem einen der Skiwanderer, denen sie oben am Grenzkamm begegnet waren?

„Das könnte er sein, der Tschortsch. Aber ganz sicher bin ich mir nicht. Kannst du mir dieses Bild ausdrucken, Karo?"

„Fralle, Herr Esterl, no problem, i gibs dann enkana Frau in da Schui." Wieder blitzte die Zahnspange auf.

Die zweite Sequenz erwies sich als noch ergiebiger für Max Esterl: Ein Auto fuhr in den Hof und parkte dort:

ein weißer Škoda Yeti, das Kennzeichen war nicht zu erkennen, dafür stand der Wagen zu schräg zur Kameraposition. Aber es war ein CZ am Heck angebracht, das man gerade noch identifizieren konnte. Respekt Karo!

Kruminale!! Max hätte wetten können, dass der Mann, der ausstieg und auf das Haus zuging, Sykora war. Oder war er es doch nicht? Max war ihm nicht gerade oft begegnet und der Sykora war ein Meister der Tarnung. Aber der Gang: Der Mann auf dem Video zog den linken Fuß ein wenig nach. Fast unmerklich. Max war das damals, bei seiner Begegnung mit dem Gangsterboss, nur aufgefallen, weil er selber Probleme mit dem Knie hatte und sich einen ähnlichen Schongang zugelegt hatte.

„Noch einmal, bitte."

Geduldig führte Karo die Szene nochmals vor. Kruminale! Jetzt war sich Max fast sicher: Der Sykora war wieder im Land. Und irgendwie hatte Max auch das schwammige Gefühl, dass er dem Obergangster, dem Meister der Tarnung, in der letzten Zeit schon begegnet war. Es wurde immer schlimmer mit seiner Vergesslichkeit. Max kramte verzweifelt in seinem Hirnkastl.

„Danke, Karo, dass du mir die Aufnahmen gezeigt hast. Möchtest du sie nicht auch der Polizei zeigen? Die haben auch Interesse daran, da bin ich mir sicher."

„Na, Herr Esterl. Da Polizei net. Da gibt's grad Probleme weng da Kamera. Net ganz legal, oder?"

„Aber ich wüsste da eine junge Polizistin, der könntest du dich ruhig anvertrauen, die würde dich bestimmt nicht verraten."

„Naa, liaba net, Herr Esterl. Dann nehmans uns bestimmt de Kamera weg."

„Weißt was? Ich geb´ dir jetzt die Handynummer von der Polizistin, Anke Brandt heißt sie. Überleg dir´s. Vielleicht rufst du sie doch noch an. Du kriegst meine Visitenkarte und ich schreib dir noch die Nummer von der Frau Brandt drauf. Die ist eine ganz Nette. Die kannst du ruhig anrufen."

Karo schob die Karte wortlos in eine der Hintertaschen ihrer zerrissenen Jeans.

Kapitel 19: Eisstockschießen I

Der Schnee, mit dem dieser Winter das Waldgebirge an der Böhmischen Grenze schon im Spätherbst so reichlich bedacht hatte, war seitdem nicht weniger geworden. Das neue Jahr hatte mit grimmiger Kälte begonnen, ein Kaltlufthoch aus den Steppen Russlands hatte sich über ganz Ost- und Mitteleuropa gelegt. Schnee war seit November genug da, aber zum Skifahren auf dem Arber war es Max und vor allem Eva, die immer kalte Füße hatte, momentan zu frostig.

So begnügte sich das Ehepaar Esterl damit, fast täglich eine oder zwei Stunden auf die Langlaufloipe zu gehen: Auf den Rabensteiner Kaisersteig oder im Zwieselerwaldhaus oder auf eine der Frauenauer Loipen oder gar auf den Bretterschachten im Arbergebiet. Die Möglichkeiten im Zwieseler Winkel waren so vielfältig, dass die in München aufgewachsene Eva immer wieder davon schwärmte. Besonders gereizt hätte Eva eine Tour über die Schachten vom Rachel bis zum Falkenstein, aber seit seiner entbehrungsreichen Grenzüberquerung mit dem Ludwig und dem Rudi wollte ihr Mann nicht so recht. Erst war es ihm zu kalt, dann war die Zeit zu knapp, und als einmal alles gepasst hatte, da musste der Max zum Eisstockschießen auf die Natureisbahn in Bärnzell, einem Dorf seitwärts Zwiesels.

„Seit Jahren ist das Eisstockschießen auf Natureis nicht mehr so gut gegangen", begeisterte sich der Hobby-Schütze, „das muss ich ausnutzen. Wer weiß, ob ich das noch einmal erlebe, bei der fortschreitenden Erderwärmung!"

Die scheinbar unaufhaltsame und wegen der Unvernunft der Menschen auch immer rasanter fortschreitende Erderwärmung war für den Max Esterl in den letzten Jahren immer mehr zum Thema geworden. Er konnte sich aufregen über die Industriebosse, die gewissenlos den Gewinnen und die Politiker, die ebenso gewissenlos den Wählerstimmen nachliefen.

Allerdings war Max auch ehrlich genug, sich selber nicht von seiner Kritik auszunehmen. „Jeder kann etwas tun!“, hörte Eva oft von ihrem Mann. Dass er selber dann wieder den Versuchungen und der Bequemlichkeit erlag, und mit dem Auto zum Bäcker fuhr, obwohl er auch das Fahrrad hätte nehmen können, bereitete Max jedes Mal innere Probleme.

„Lange habe ich nicht kapiert“, erklärte er seiner Frau einmal bei einem abendlichen Gespräch, „was das Christentum unter der Erbsünde versteht. Als Kind und Jugendlicher hat mich das Geschwafel unserer Religionslehrer von dieser Erbsünde sogar geärgert. Es reichte mir schon, dass ich mit so vielen konkreten Sünden behaftet war, aber das verstand ich wenigstens. Sehr gut sogar. Das hat man uns damals im Beichtunterricht eingebläut: Den Hauskater am Schwanz gepackt und geschleudert, die Schwester so geärgert, dass sie geweint hat, die Hausaufgaben nicht gemacht und den Lehrer deswegen angelogen, seinem Freund, dem Nachbarsbuben mit dem Eisstock aus Gaudi von hinten die Füße weggeschossen, dass er schwer gestürzt ist und geblutet hat wie eine Sau. Ich hatte immer ein ellenlanges Sündenregister. Und da sollte ich auch noch an der Erbsünde beteiligt sein? Nein!

Jetzt aber glaube ich schön langsam selber an diese Schuld, die der Mensch in sich trägt. Die Sünden gegen die Umwelt, die sind für mich ein Teil dieser Erbsünde. Jeder Mensch ist darin verstrickt, auch wenn er noch so genügsam lebt. Keiner kann sich dem entziehen."

„Übertreib´s nicht, Max. Sonst wirst du noch so ein lebensfeindlicher Sonderling, der alle Menschen drangsaliert und ihnen ein schlechtes Ökogewissen einreden möchte."

„Die Gefahr besteht bei mir nicht, oder? Und jetzt geh ich zum Eisschießen. Weil ich mit dem Auto nach Bärnzell fahre, verschlechtere ich meine Umweltbilanz geringfügig. Wenn ich aber auf dem Weg dorthin einkaufen gehe, dann verbessere ich die Bilanz schon wieder ein wenig. Und weil wir auf Natureis schießen und nicht auf Kunsteis und weil das Bier, das wir dort trinken, nicht aus dem Kühlschrank kommen muss, weil es eh so kalt ist…"

Lachend unterbrach Eva die Ökobilanz ihres Mannes. „Supermäx, mein Ökoheld. Du bist der Größte!"

Der Bärnzeller Eisweiher lag in einer Senke hinter dem Dorf direkt neben dem Wald. Kaum ein Sonnenstrahl verirrte sich im Winter hierher und so gab es ideale Bedingungen für die Eissportler. Die Bahnen waren hervorragend präpariert, Max freute sich schon auf den Spaß, den sie heute hier haben würden.

Zehn Eisschützen, drei Frauen und sieben Männer hatten sich auf dem Eisweiher versammelt, alle waren sie dick vermummt, alle hatten sie Winterschuhe mit gutem Profil an, alle hatten sie gute Laune und natürlich ihre Eisstöcke mit diversen Laufplatten zum Wechseln mitgebracht. Je nach Lage der Dinge konnte man schnelle oder strenge Platten auf die Laufseite der Eisstöcke montieren: Für ein Maß, bei dem es darauf ankam, den Stock in der Nähe der Daube zu platzieren, war die langsame, die *strenge* Laufplatte vorgesehen. Um einen gegnerischen Eisstock zu entfernen, zu *schießen*, benutzte man die *schnelle* Platte. Max mochte das Wechseln nicht gern, außerdem war er kein so guter Stockschütze. Seine Spezialität war das Masseln, der gefühlvolle und präzise Schuss, bei dem man dem Gegner die Daube elegant abluchste.

Das Eisstockschießen war, wie immer, für Max Esterl eine Stunde der Entspannung, der Unterhaltung, aber auch der Bewegung an der frischen Luft und sogar der Konzentration, der Technik und der Taktik. Fast jeder Schuss wurde kommentiert, es wurde beratschlagt, der Gegner wurde nervös gemacht, in einer sehr freundschaftlichen Atmosphäre war fast alles erlaubt, sogar, den feindlichen Eisschützen ein wenig zu verspotten und ihn an der Ehre zu packen:

„He, Kriminaler“, so oder ähnlich wurde Max hin und wieder geneckt, „i hätt ma denkt, du hast s´Schuissn glernt bei der Polizei? Do gspannt ma aba nix davo. A so verfluigt se ja koa Brieftaubn, wiasd´du danebnschuisst.“ (Die Übersetzung für Sprecher des Hochdeutschen: „He, Kriminalbeamter, ich dachte, du hast bei der Polizei das Schießen gelernt. Davon sieht man aber nichts. Nicht einmal eine Brieftaube kann ihr Ziel so weit verfehlen wie du.“)

Nach zwei Stunden auf dem Eis war der Kopf von Max leer gefegt von Öko- und anderen Gedanken und er machte sich gemeinsam mit den anderen Schützen, um einige Euro leichter aber sehr zufrieden, auf den Weg zum nahe dem Eisweiher gelegenen Parkplatz.

Einer der Eisschützen, der Ernst, tippte den Ex-Kriminaler auf die Schulter. „Kann ich mit dir mitfahren, Max? Meine Frau hat mich hergebracht, weil sie das Auto heute braucht."

„Eh klar, Ernst, da vorn steh ich, steig ein."

Damit hatte er, so fiel es dem Fahrer sofort ein, seine Ökobilanz schon wieder verbessert: Zwei Insassen statt einem!

Kaum hatte Max Esterl den von hohen Schneemauern umgebenen Parkplatz verlassen, da begann der Ernst mit heiserer Stimme:

„Max, ich wollte eh mal mit dir reden."

„Über was?"

„Hast du schon einmal von den Scorpions gehört?"

Max tat überrascht. „Scorpions? Könnt schon sein? Was ist mit denen?"

Ernst schilderte dem Max seine Situation. Sein Schwager, der Gigl Georg, sei Mitglied bei den Scorpions, diesen Motorradlrockern, die seit neuestem auch in Zwiesel ihr Unwesen trieben.

„*Tschortsch* nennt er sich jetzt, aber das ist mir egal. Der soll von mir aus wieder dahin gehen, wo er hergekommen ist, der Georg. Meine Schwester, die Erika hat er auf jeden Fall ins Unglück getrieben, die war so dumm, dass sie damals auf ihn hereingefallen ist, wie er angegeben hat auf den Beatparties. Kannst dich noch erinnern? *I can´t get no…*" „*satisfaction*" sang Max weiter. „Klar kann ich mich noch erinnern. Ich weiß auch noch genau, wie die Erika ausgeschaut hat, wir alle haben uns nach ihr umgedreht und hinterhergepfiffen damals. Genau! Erika hat sie geheißen, natürlich! So einen Namen von so einer Superfrau merkt man sich. Und die Erika war, äh, ist deine Schwester? Die war aber ein heißer Feger damals. Hinter der waren wir alle her. Und der Georg hat sie dann abgeschleppt."

„Leider, Max. Leider! Er hat sie mit nach Nürnberg genommen, ist dort zu den Scorpions gestoßen, diesen Banditen und hat sie von da an nur noch drangsaliert und ausgenutzt."

„Augen auf bei der Partnerwahl", hätte Max jetzt beinahe gesagt, aber er hatte sich im Griff. War er heute noch eifersüchtig auf den Tschortsch?

„Und jetzt ist der Tschortsch wieder in Zwiesel und meine Schwester ist ihm immer noch hörig und tut was er sagt. Und er hat die Erika schon wieder in etwas hineingezogen, das nicht koscher ist."

Max zog die Augenbrauen hoch. „So?"

Sie standen schon längst in der Einfahrt zu Ernsts Haus, es wurde schön langsam dunkel. Max ließ den Motor laufen, weil es sonst sehr schnell kalt geworden wäre: schon wieder Negativpunkte im Umweltschutz! Aber das hier war jetzt wichtiger.

„Ja", erzählte Ernst weiter. „Die Scorpions haben in Böhmen drüben ein Haus gekauft, weiß der Kuckuck, was die damit anfangen. Und damit sie selber in keinem Register auftauchen, haben sie die Erika als Strohmann vorgeschoben und das Haus auf sie schreiben lassen."

„Strohfrau", entfuhr es Max, aber der Ernst schien das nicht gehört zu haben, denn er fuhr unbeirrt fort: „Das Haus ist auf sie geschrieben, denn die Scorpions wollen getarnt bleiben, die haben doch so viel Dreck am Stecken, dass das Innenministerium sie in Nürnberg verboten hat. Ich hab ihr total davon abgeraten, aber sie hat sich wieder einmal bequatschen lassen, obwohl der Tschortsch, der Sauhund, nichts mehr von ihr will und eine andere, viel jüngere hat. Eine, die in Böhmisch Eisenstein im Puff aushilft!"

In das nun folgende Schweigen hinein fragte Max Esterl: „Und warum erzählst du mir das, Ernst?"

„Weil ich glaube, dass dort drüben in Hammern in dem Haus ganz unsaubere Sachen laufen, wie überall, wo die Scorpions ihre Hände drin haben. Die Erika hat uns da schon früher einiges erzählt. Aber die ist ja dem Tschortsch immer noch hörig, immer noch! Wenn da einmal nachgeforscht wird und die Polizei dahinterkommt, und die Tschechen, Max, die Tschechen, die sind ja auch nicht blöd, wenn die erst merken, was da so alles läuft! Wer ist denn dann mit dran? Der Hausbesitzer! Die Erika muss alles ausbaden. Und mit den Einträgen im Strafregister, die die Erika wegen dem Tschortsch hat, da kommt sie bestimmt nicht so einfach davon, die Erika."

„Einträge im Strafregister, Ernst, die bekommt man nicht so einfach, wie man eine Erkältung bekommt! Die muss man sich schon redlich erarbeiten. Dann hat deine Schwester schon ordentlich mit zugelangt."

„Wenn ich dir´s sage, Max, nur der Tschortsch ist schuld, nur er allein!"

„Ist schon gut, Ernst, aber: Was willst jetzt von mir?"

„Du kennst doch den von der tschechischen Polizei. Ich hab´s in der Zeitung gelesen. Bei deinen Fällen hast du immer mit dem zusammengearbeitet."

„Den Josef Holub meinst du?"

„Ja, so glaub ich, heißt der. Kannst du mit dem nicht Kontakt aufnehmen, Max, und ihn schon irgendwie vorwarnen, dass die Scorpions Verbrecher sind und die Erika unschuldig ist?"

Das, was ihm sein Eisschützenfreund da erzählt hatte, so überlegte Max, war auf alle Fälle hochinteressant. Hammern, das war doch der ursprüngliche deutsche Name für Hamry. Und wenn man eins und eins zusammenzählte, dann konnte man sich denken, dass das ungastliche Haus, vor dem der Rudi und er im Schnee gestanden hatten und so unfein zurückgewiesen worden waren, dass diese Chata…der Schwester vom Ernst, der Erika gehörte! Auch an die Aussage des freundlichen Gastwirtes vom Kollerhof erinnerte sich Max, allerdings, wegen der damals vorgefallenen kleinen Alkoholexzesse, nur noch etwas schwammig: Hatte der Wirt nicht von unfreundlichen Deutschen gesprochen, die jeden Kontakt mieden. Das würde gut zu den Scorpions passen.

„Kannst du Verbindung zu deinem Freund aufnehmen, Max?“, unterbrach der Eisschützenfreund die Gedanken des Ex-Kommissars.

Max zwinkerte ihm mit den Augen zu. „Nur, wenn du dann jedes Mal daneben schießt, wenn du auf mich zielst.“ Ernst war als sehr zielsicherer Eisschütze bekannt.

„Klar, Max, dein Eisstock wird für mich so unsichtbar sein, als ob er eine Tarnkappe hätte. Servus, Max, und: Merce für´s Mitnehmen!“

Kapitel 20: Eisstockschießen II

Das Eisstockschießen wurde für Max Esterl in den nächsten Wochen, in denen die Kälte anhielt, neben dem Skifahren und dem Langlaufen zum Hauptvergnügen. Zwei, drei Mal die Woche waren seine Freunde und er draußen an der frischen Luft. Max merkte, wie sich durch das Training seine Treffsicherheit verbesserte. Dasselbe traf allerdings auch auf seine Eisstockkameraden zu, so dass der Abstand sich, zum Leidwesen Esterls, kaum verringerte. Eines Nachmittags, die Sonne war gerade am Untergehen hinter der Bärnzeller Dorfkapelle, wurde Max Esterl während eines besonders spannenden Spiels durch den Klingelton seines Handys gestört, das er heute gegen die sonstige Gewohnheit eingesteckt hatte.

I shot the sheriff. Wer mochte das sein? Eva!?

Max hatte, als er ihre Wohnung verlassen hatte, der Eva eine Nachricht auf einem Zettel hinterlassen: *Bin in Bärnzell am Eisweiher. Wenn ich auf dem Heimweg was in der Stadt besorgen soll, ruf mich am Handy an.* Max war der Einkaufschef bei ihnen daheim, so lange Eva noch berufstätig war.

„Du Max, da hat gerade eben dein Polizistenfreund Rudi Hasensperl angerufen."

„Aha", antwortete Max und überlegte, was der Rudi denn schon wieder wollen könnte. Noch einmal eine Tour über die Grenze? Jetzt, wo der Altschnee harschig war und trug, wäre eine Tour auf die Schachten ein Leichtes gewesen.

„Ja, Max. Der Rudi hat gesagt, er sei wieder in der Gegend, diesmal in Frauenau. Er möchte Glas kaufen und hofft auf Beratung durch einen Experten wie dich. Seit wann bist du Glasexperte, du Angeber?"

„Das hab´ ich nie behauptet, aber die Hauptstädter halten doch jeden Zwieseler für einen Experten. Und Hasensperl erwartet jetzt sicher, dass ich als Einheimischer in allen Glashütten Prozente kriege, oder?"

„Darüber haben wir nicht gesprochen. Aber, Max, stell dir vor, wann der Hasensperl kommen möchte!"

„Morgen schon?"

„Heute!! Der Mann ist verrückt. Ich habe ihm gesagt, dass du Eisschießen bist, aber er hat geantwortet, das wird ja nicht ewig dauern, die erfrieren ja, und er kommt um acht bei uns vorbei, ob du dann daheim bist."

„Hättst halt gsagt, wir kaufen uns nach dem Schießen noch eine Halbe im Bärnzeller Dorfwirtshaus."

„Hättst, hättst, du redest dich leicht. Hättst halt du mit ihm telefoniert."

„Wie soll denn das gehen, wenn er dich angerufen hat?"

Max, du bist dran! Alle von Esterls Moarschaft hatten schon geschossen und befanden sich seit geraumer Zeit frierend auf der anderen Seite der Bahn. Max stand allein da und hatte noch den letzten Schuss abzugeben. Einen wichtigen Schuss, der über Sieg oder Niederlage entscheiden musste.

„Eva, Stress! Stress beim Eisschießen. Fass dich bitte ganz kurz, ich muss schießen, sofort muss ich schießen."

„Sei um halb acht zu Hause und bring eine Brotzeit mit. Der REWE-Metzger hat bis acht offen, da kommst du eh vorbei wenn du heimfährst, Tschüß!"

Tschüß sagte Eva nur, wenn sie ihren Mann ärgern wollte.

„Was ist jetzt, Max?", rief ein Schütze der gegnerischen Mannschaft vom anderen Ende der Bahn. „Vorige Woch` hats am Arbersee an Eisschützn dafreat. Mitn Stock in da Händ hamdsn gfundn. So kriachalblau is a gwen wia de blaue Plattn am Stock!" (Übersetzung für meine hochdeutschen Leser: Vorige Woche ist am Arbersee ein erfrorener Eisstocksportler gefunden worden, der noch sein Sportgerät in der Hand hielt und die gleiche blaue Farbe angenommen hatte wie die Laufplatte seines Eisstocks.)

Max steckte umständlich sein Handy in die Anoraktasche, nahm seinen Eisstock und versuchte, sowohl Evas Störversuche als auch die des Gegners auszublenden.

Mit dem rechten Fuß Halt in der Eisenkrampe suchen, die als Abschussplatz diente, das Ziel fixieren, den Eisstock dreimal schwingen, gleichzeitig das Ziel weiter im Auge behalten, die notwendige Geschwindigkeit taxieren, mit dem dritten Schwung weit ausholen, den Stock dann rechtzeitig loslassen, während man ihn aufs Eis legte oder warf, damit er seinem Ziel sicher entgegengleiten konnte. Alles ganz easy.

In der Theorie.

In der Praxis sah die Lage so aus: Die eigene Mannschaft lag, jetzt, kurz vor dem letzten Schuss, um drei Punkte hinten, sie hatte aber einen ihrer Stöcke näher an der Daube als der Gegner. Das reichte zu einem Unentschieden. Nun aber hatte Max noch das Schussrecht und konnte seiner Mannschaft zum Sieg verhelfen, wenn er mit einem Maßschuss seinen Eisstock so an die Daube platzierte, dass er näher lag als der bestliegende gegnerische Stock.

Max Esterl hatte also die Aufgabe, ein Masserl zur Daube hin zu machen, eine gefühlvolle Punktlandung nahe an diesem Holzklötzchen, das den Eisschützen als Ziel fungierte. Aber Max durfte die Daube auch nicht verschieben, denn dahinter standen, gefährlich nahe, zwei Stöcke des Gegners. Ein Schuss, der Gefühl erforderte. Das war genau die Stärke des Eisschützen Max Esterl.

Eigentlich keine schwierige Aufgabe für einen wie ihn.

Hast du schon einmal Fußball gespielt, mein Leser, und einen Elfmeter schießen müssen? Eigentlich keine schwierige Aufgabe. Und doch werden allwöchentlich einige Tausend Elfmeter auf den Fußballfeldern dieser Welt verschossen.

Oder spielst du Golf, oder Basketball oder irgendetwas, dann weißt du: Das Leichte ist immer das Schwere!

Schon als Max seinen Stock aus der Hand gleiten ließ, spürte er, dass er dem Spielgerät zu viel Schwung mitgegeben hatte. Auch die Mannschaftskameraden von

Max erkannten sofort, was da auf sie zukam. Zwei von ihnen wandten sich ab, der dritte schlug entsetzt seine Hände über dem Kopf zusammen, während der Eisstock mit fast unvermindertem Tempo auf die Daube zusauste, diese zwar knapp verfehlte, so dass es immerhin noch zu einem Unentschieden gereicht hätte, wenn Esterls Stock nicht den seines Mannschaftskameraden angezickt hätte, der bis dahin am besten und danach gar nicht mehr gut platziert war. Das Grinsen der Gegner war, je mehr sich der Schuss vom Max seinem Ziel näherte, immer breiter geworden und es mündete jetzt in ein schallendes, schadenfrohes Lachen.

Die Verlierer murrten, vor allem gegen Max, die Sieger hielten die Hand auf, um den verdienten Euro in Empfang zu nehmen.

Als Max sofort danach verkündete, dass Eva ihn angerufen und gebeten habe, gleich heimzukommen, erhob sich kein Wort des Bedauerns.

Kapitel 21: Raunacht

Eva ließ den Rudi spüren, dass sie von seinem plötzlichen Auftauchen nicht begeistert war. Noch während Rudi und Max aßen, verließ sie den Tisch, um zu korrigieren. Den Rudi interessierten zwei Dinge: Ein schönes, aber natürlich nicht teures Glasgeschenk für seine Frau zu ihrem 30. Hochzeitstag und ein weltberühmter Faschingsball in Frauenau, von dem er etwas im Kulturmagazin einer Zeitung gelesen hatte.

„Um das Glasgeschenk schauen wir morgen. Da gehe ich gerne mit. Es gibt immer wieder neue interessante und schöne Dinge aus Glas. Aber beraten tu ich dich nicht, Rudi. Das musst du schon selber wissen, was deiner Gattin gefällt."

Max wollte sich durch den Geiz des Hasensperl nicht die Genusstour durch die Glasbetriebe verderben lassen.

Und der Ball heißt *Raunacht* und ob der weltberühmt ist, weiß ich auch nicht. Eva und ich waren erst einmal dort und das ist auch schon Jahre her. Wir beide sind nicht so die Ballgeher, vor allem ich nicht.

Karten kannst du dir bestimmt in deinem Frauenauer Hotel besorgen. Aber, Rudi: Du musst maskiert dorthin gehen, davon lebt dieser sehr spezielle Faschingsball. Die Auerer basteln schon wochenlang an ihren Masken. Sie übertrumpfen sich dabei an Phantasie, Witz und kompliziertester handwerklicher Ausführung jedes Jahr wieder neu.

„Mal sehen“, gab sich Rudi vorerst zufrieden. Dann unterhielten sich die beiden über alles Mögliche, Max fiel aber auf, dass der Rudi sehr auf Informationen und Gerüchte über die Scorpions aus war. Daneben aber interessierte er sich immer noch sehr für die Heimat seiner Väter, den Böhmerwald.

„Hast du schon mal was vom Böhmerwaldriesen Rankl Sepp gehört, Max?“

„Nur das, was beim Karl Klostermann in den Büchern steht.“

„Der Riese Rankl war ein entfernter Vorfahre von mir, über den möchte ich gern mehr erfahren. In Innergefild hat er gewohnt, heute heißt das Horska Kvilda und begraben ist er in Stachau/Stachy. Ich habe einiges geforscht zum Rankl. Da gibt es ein kleines Büchlein über ihn und dann natürlich den großen Auftritt des Rankl Sepp im ersten Kapitel eines Klostermann-Romans.“

„Richtig! Rudi. Kruminale, bist ja gut informiert über den Klostermann. *Im Böhmerwaldparadies* heißt der Roman, in dem der Rankl eine große Rolle spielt. Ich überleg´jetzt grad: Der Rankl war doch ein Verwandter vom Karl Klostermann, dann bist ja du …?“

„Auch verwandt mit *ihm*. Allerdings ganz weitschichtig. Um fünf Ecken rum, aber immerhin! Gej, da schaugst.“ Stolz schwang in der Stimme des Hasensperl mit.

Ja, dachte Max Esterl bei sich: Du bist heute stolz auf die Verwandtschaft mit dem Klostermann, aber deine Eltern und Großeltern haben den Klostermann wegen seiner ausgleichenden Haltung zwischen den beiden Völkern Böhmens und wegen seines Eintretens für beide Seiten noch tief verachtet.

„Max, ich habe im Internet herausgefunden, dass es in Horska Kvilda ein Gasthaus *Zum Ranklsepp* gibt und dass man dort auch wunderbar Langlaufen kann. würdest du da mit mir…?“

„Kein Problem, Rudi, und Glaseinkaufen geh ich auch mit dir und“, fügte Max eher aus Spaß hinzu, „zur Raunacht komm ich sowieso mit. Als alter Uhu verkleidet.“

„Und ich mach den Hasensperl“, nahm Rudi die Idee gleich mit großer Begeisterung auf.

Eva zeigte sich gar nicht begeistert von den Ideen, die Max da mit seinem ehemaligen Arbeitskollegen ausgebrütet hatte:

„Mit dem Hasensperl gehst du zur Raunacht? Mit mir bist du nur einmal hingegangen und dann nimmer wieder.“

„Willst du nicht mitgehen? Ich lade dich ein!“

„Mit dem Hasensperl? Der hat mir das Kraut ausgeschüttet. Eine Hausfrau einfach so zu überfallen, das gehört sich nicht.“

„Aber geh, Eva. Wenn du jemanden nicht magst, dann bist du aber auch extrem!“

„Ob ich den Hasensperl mag oder nicht, das hat sich noch gar nicht entschieden, auf alle Fälle aber geh ich nicht mit zur Raunacht. Auf die Kürze noch eine gescheite Maske basteln? Nein! Auch auf die anderen

Veranstaltungen mit dem Herrn Hasensperl verzichte ich. Da bleib ich lieber zu Hause und korrigiere Aufsätze.“

Wenn Eva solche Reden hielt, dann war Widerstand zwecklos.

„Gut, dann ruf ich halt die Anke Brandt an, die hat mich auch schon nach der Raunacht gefragt, ob die mit uns geht, damit wir wenigstens eine Tanzpartnerin haben.“

„Untersteh dich, Max Esterl“ Mehr brauchte Eva nicht zu sagen. Die Blitze, die sie mit ihren Augen schleuderte, sprachen Bände.

Die Raunacht hatte den Rudi von Anfang an fasziniert. Eine wunderbare und phantasievolle Dekoration hatte den Saal der Bürgerhalle in eine bizarre Waldlandschaft verwandelt, die von gruseligen, ungeheuer aufwendigen Kostümen und Masken bevölkert war: Spinnen samt ihren Netzen, Waldschwammerl, alte, vermodernde Baumstämme, eine ganze, ständig grunzende, sich an Stuhl- und Tischbeinen reibende Wildschweinfamilie, die Wilde Jagd, der geheimnisvoll-düster aussehende, in eine Cuculle gekleidete Seher Stormberger aus Rabenstein, geifernde, ihre Zähne fletschende Wölfe, irrlichternde Waldgeister, ganze Holzhauerpartien und Wilderergruppen, alles, wovon die Waidler früher in den langen, finsteren und scheichtsamen Winterabenden ehrfurchts- und angstvoll erzählten, war hier auf der Raunacht vertreten und trieb sein Unwesen.

Der Rudi mit seinem Bugs Bunny-Gewand, das ihm die Rezeptionistin seines Hotels besorgt hatte, den künstlichen Hasenzähnen und dem Sperl, einer überdimensionierten Stecknadel zwischen den Ohren, gehörte nicht gerade zu den Maskenpreisverdächtigen, dafür hatte er einen großen Auftritt auf der Tanzfläche, als er, schon etwas beschwipst, begann, alle Tanzenden niederzuhopsen. Max tanzte nicht. Als alter Uhu verkleidet, saß er stumm und nur hin und da ein Glas Bier als Atzung zu sich nehmend, am Tisch, an dem auch noch eine andere Gruppe Platz genommen hatte: Vier Stinkefüchse, zwei männlich, zwei weiblich. Die Füchse sahen aus wie der Robin Hood im Zeichentrickfilm, sie stanken zwar nicht direkt, aber sie benahmen sich stinkig, flätzten sich hin, legten ihre Füße auf den Tisch, beleidigten die Kellnerin und schmusten ganz ungeniert und die zotigsten Ausdrücke ausstoßend, die rothaarigen und, wie Max zugeben musste, durchaus attraktiven und sehr offenherzig gekleideten Füchsinnen nieder. Max konnte schon nicht mehr hinhören. Hinschauen tat er schon hin und wieder.

Erst zog sich die Zeit etwas, aber dann kam die Maskenprämierung, die groß zelebriert wurde, und dann kam um Mitternacht die Demaskierung.

Rudi, der Hasensperl, war froh, seine Hasenzähne, die ihn erheblich beim Trinken behinderten, und vor allem seine Kunstfellhasenmütze loszuwerden, unter der ständig Schweiß hervorquoll, und so beeilte er sich mit der Demaskierung und war der erste am Tisch, der wieder zivil aussah.

Kaum hatte Rudi jedoch die Hasenzähne und die Mütze abgelegt, da begann ein Geschrei an ihrem Tisch, das so heftig war, dass alle anderen Gäste auf sie und vor allem die Stinkefüchse schauten und die weiter entfernten Ballgäste sogar aufstanden und ihre Köpfe reckten, am alles mitzukriegen.

„Das ist ja gar kein Hase", so hatte der eine, der größere der Stinkefüchse lautstark zu krakeelen begonnen, „das ist ein Schwein!" „Das ist das Schwein vom Staatsschutz, das uns voriges Jahr hat hopsgehen lassen. Alle mal herhören!", wandte er sich dann mit doppelter Lautstärke an die inzwischen zahlreichen Gaffer. „Alle mal herhören! Hier sitzt das größte Schwein vom Staatsschutz. Er verpfeift unbescholtene Bürger, wie wir es sind. Reicht dir das nicht, Hasensperl, du Staatsschutzsau? Musst du uns bis hierher verfolgen, du Aasgeier? Ist man vor euch nirgends sicher? Du hättest dich als Drecksau verkleiden sollen, nicht als Hase."

Die Stinkefüchse hatten jetzt auch ihre Masken abgenommen. Das verschwitzte, gerötete Gesicht des größeren von ihnen erkannte Max sofort: Tschortsch! Rudi war aufgesprungen und ein paar Schritte nach hinten auf Distanz gegangen, die Stinkefüchse aber näherten sich ihm, ständig Beleidigungen und Flüche ausstoßend, bis sie sich bedrohlich vor ihm aufbauten.

Kruminale! Max staunte darüber, wie gut sich der Rudi in der Hand hatte. Er wich nicht mehr länger zurück, sondern sagte in einem scharfen, aber gar nicht so lauten Ton: „Ein Haar wenn ihr mir krümmt, auch nur eines, dann landet ihr dort, wo ich euch eigentlich haben wollte! Und dann kommt ihr nicht mehr raus. Wollt ihr´s probieren?“ Jetzt schwiegen die Stinkefüchse und zogen sich murrend und grummelnd zurück.

Rudi und Max zahlten. Auf dem Weg hinaus sah der nunmehr demaskierte Staatsschützer ein buntes Blinkerschild mit der Aufschrift *BAR*.

„Ich brauch jetzt noch einen Absacker, Max. Ich übernehme die Zeche.“

Aus dem einen waren viele Absacker geworden. Als es schließlich auf zwei Uhr zuging, standen beide schon nicht mehr sicher auf ihren Beinen. Der Rudi aber hatte, wohl wegen der Aufregung um ihn, sichtlich noch mehr getrunken als sein Freund.

„Ich musch dir wasch schagen, Magsch, magsch hören? Ich werd in München nich mehr gebraucht. M a n b r a u c h t m i c h n i c h t m e h r! Scheit der neue Schtaatschschekretär da ischt, isch allesch andersch. Die Schau! Die Dreckschau!

Und morgen fahrn wa nach Horschka, nach Horschka Kuvilda und gehen dort lang, äh laufen dort lang. Mich hat man abgeschoben. Ich“, dabei deutete Rudi auf seine Hasenbrust, „ich darf niksch mehr entsch…, entsch… tscheiden. Tschulligung! Niksch mehr. Hörscht du, Magsch? Fahren schie doch irgendwohin, hat esch geheischen, hat der Schtaatschschekrär geschagt, weit weg, meinetwegen in den Nahen Oschten, da hat er den Böhmerwald gemeint, wo schich Fuchsch und Hasche Gutnacht schagen. Haha“. Rudi schlug sich auf die Hasenschenkel. „Haha, Fuchsch und Hasche haben schich heut schon Gutnacht gschagt, da drin im Schaal bei der Rau…, Raunacht. Schtinkefuchsch und Schperlhasche. Luschtig!

Maksch, weischt, wasch er geschagt hat der Schtaatschschekretär? Gehen schie in den Böhmerwald hat er gschagt, in den Nahen Oschten, dann scheh ich schie nicht mehr. Hat er geschagt. Obwohl ich esch war, der die Schkor …, die Schkorpionsch tscherschlagen hat. Ich, der Rudi Haschenschperl.

Morgen fahrn wa nach Horschka Kvivilda zschum Langlaufen, Maksch. Komm, trinkma noch wasch!“

Erst langsam begann in Esterls vernebeltem Gehirn zu dämmern, was der Rudi ihm da soeben erzählt hatte. Das Abstellgleis hatte den Hasensperl hierher nach Frauenau gebracht, er führte Pseudoermittlungen im Böhmerwald und logierte auf Staatskosten im Vier-Sterne-Hotel, bis er das Pensionsalter endlich erreicht hatte.

***

Den Ausflug nach Horska Kvilda zum Rankl Sepp am nächsten Tag ließ der Rudi ausfallen. Kreislaufbeschwerden. Max hatte nichts dagegen. Auch sein Kopf brummte. Er hatte nicht mehr viel von dieser Nacht in Erinnerung: Erst der Streit mit den Stinkefüchsen. Daran erinnerte Max sich noch gut. Dann waren sie in der Bar gelandet. Auch das wusste Max noch. Und dann, dann hatte ihm der Rudi einen ellenlangen Vortrag gehalten. Um was war es dabei gegangen?

Irgendetwas Wichtiges! Kruminale! Max Esterl kam nicht drauf. Scheiß Sauferei!

Raunächte waren nichts mehr für einen alten Uhu wie ihn!

Am darauf folgenden Tag, als sie beide sich aufmachten, das Glasgeschenk für Rudis Hochzeitstag zu kaufen, erwähnte keiner von ihnen den Streit bei der Raunacht und das darauf folgende Bargespräch. Der Max konnte sich nicht mehr recht an den Inhalt ihres Gesprächs erinnern, der Rudi wusste nicht einmal mehr, dass es stattgefunden hatte. Voll genug waren sie ja gewesen.

Das richtige Geschenk zu finden, war nicht einfach gewesen. Erst sollte es ein Weinservice sein, mit Karaffe. Zwiesel Kristallglas, Theresienthal, Poschinger und Eisch in Frauenau, alles was Rang und Namen hatte in der Glasproduktion des Zwieseler Winkels, wurde abgeklappert. Dann hatte der Hasensperl auf dem Gelände der Glasfabrik Poschinger entdeckt, dass es noch viele andere Glasschaffende gab, deren Objekte auch interessant und sogar wunderschön waren. Max führte ihn ins *Nebenhäusl* der Poschingerhütte zu seinem Tennisdoppelpartner, dem Metzger Rainer, einem begnadeten, immer wieder experimentierenden Glasmaler, sie besuchten die Glasfusingexpertin Doris Heindl im angrenzenden Gebäude, den Weber, den Straub und den Schmid in Lindberg, die Paukner Magdalena, die fantastischen Glasschmuck herstellte, und sie hätten noch bei Dutzenden anderer Glaskünstler vorbeischauen können, wenn es Max nicht zu viel geworden wäre.

„Weißt du was, Rudi? Du hast ein Problem. Du kannst dich nicht entscheiden! Und wenn dir etwas wirklich gut gefällt, dann ist es dir zu teuer. Du bist ein richtig knickerter Hund. Und jetzt mag ich nicht mehr. Wir gehen Mittagessen. Brauchst nicht beleidigt schauen, Rudi! Ich lad dich ein. Nachdem wir jetzt in Lindberg sind fahre ich den kleinen Umweg über Buchenau, dort im Gasthof Weber ist es gemütlich und man isst ausgezeichnet und dann bringe ich dich nach Frauenau ins Hotel. Am Nachmittag kannst du dann Glas *kaufen*. Glas *schauen* waren wir den ganzen Vormittag.

Beim Mittagessen in Buchenau brachte Max Esterl das Gespräch auf die Scorpions. Der Rudi wusste natürlich viel über sie:

„In Nürnberg haben sie jahrelang gelebt wie die Maden im Speck, die Scorpions. Sie waren eine Motorradgang, wie sie im Buche steht. Knallhart und skrupellos. Einen von ihnen, der aussteigen und singen wollte, haben wir halbtot in einem verlassenen Industriegelände gefunden. Der hat ausgschaut!

Und dann haben wir sie ausspioniert. Undercover! Ich hab das alles organisiert, Max, und bin heute noch stolz darauf, wie gut wir das damals gemacht haben in Nürnberg. Dann hat sich herausgestellt, dass sogar der neue Staatssekretär mit dringhängt ist! Der stammt doch aus Nürnberg, und er hat sich ganz gut mit dem Hein, dem damaligen Präsidenten der Scorpions verstanden, der Tschortsch war ja damals noch eher eine kleinere Nummer.

Er wäre gut beraten gewesen, wenn er größere Distanz zu den Scorpions gehalten hätte, hab ich in meinem Abschlussbericht geschrieben. Ich habe gemeint, das übersteht der nicht, der Staatssekretär. Und ich komm dann groß raus.“ Hasensperl seufzte tief.

„Gekommen ist es dann aber leider umgekehrt. Der Staatssekretär ist geblieben und ich musste gehen. Aufs Abstellgleis in den Nahen Osten!“, der Staatsschützer schüttelte den Kopf und nahm einen Schluck Bier.

„Da haben sich wirklich Stinkefüchse angesiedelt bei euch in Zwiesel.“ Der Sperlhase konnte sich anscheinend doch noch an die Raunacht erinnern. „Das ist ein Gschwerl, das kannst du dir gar nicht vorstellen, Max.“ Rudi zählte die Vorstrafenliste der Scorpions an seinen Fingern auf. Zwei Hände reichten nicht.

„Und, Max: Passt alle auf in Zwiesel, seid vorsichtig! Die Scorpions sind gefährlich. Und unberechenbar!“

Kapitel 22: Utopenci

Zwei tschechische Nationalparkangestellte saßen ganz alleine auf der Terrasse vor dem Aussichtsturm auf dem Polednik, dem Böhmischen Mittagsberg. Dieser Turm hatte bis zur samtenen Revolution 1989 den Truppen des Warschauer Pakts als Fenster in den Westen gedient, als Abhör- und Beobachtungsstation. Der Turm auf dem Polednik war das Gegenstück gewesen zu den monströsen Radarkuppeln der NATO, die den bayerischen Großen Arber bis heute zieren. Jetzt diente er als Touristenattraktion.

Auf die Terrasse hatte sich die Mittagssonne gelegt und die Ranger genossen ihre wärmenden, ja fast schon wieder lästig-heißen Strahlen, sowie die kleine Brotzeit, die sie mitgebracht hatten: Vor ihnen stand ein großes, offenes Einweckglas. Dieses Glas war gefüllt mit einer milchig-hellen Flüssigkeit, in der grau-weiße Zwiebelringe, schwarzbraune Wacholderbeeren und grüne Paprikastreifen herumschwammen. Dazwischen schwebten schwerelos etwa fünf Zentimeter lange Knackwürste, die wie hellbraune Mini-U-Boote durch das Glas geisterten. Oder sahen die U-Boote nicht eher aus wie fahle Leichen, wie Wasserleichen? *Utopenci* – Ersoffene nannten die Tschechen diese Würste, von denen sich jetzt jeder der beiden zwei Paar aus dem Essigsud herausfischte und mit Andacht, zusammen mit einer dicken Scheibe Brot verzehrte.

Seit drei Wochen schon war schönes Frühjahrswetter, und die Temperaturen stiegen auch in diesen Höhenlagen des Böhmerwaldes während der Mittagszeit für zwei, drei Stunden auf über zwanzig Grad. Freilich kühlte es nachts noch ab und auf den Moorseen in den Filzen bildeten sich immer wieder dünne Eisflächen, die später dann in der Vormittagssonne dampften und rauchten. Aber der Schnee hatte schon längst zu schmelzen begonnen und die Weiden hatten ihre weißen Kätzchen aufgesteckt.

Mit feinen Knoblauchrülpsern beendeten die Ranger ihr Mittagsmahl, packten das Glas mit den restlichen Ersoffenen in einen Rucksack und machten sich auf. Sie hatten noch ein größeres Wegstück vor sich. Auf ihrem Kontrollgang sollten sie feststellen, welche Wege und Markierungen der diesmal sehr lang dauernde und außerordentlich heftige Winter so in Mitleidenschaft gezogen hatte, dass sie ausgebessert werden mussten. Der Frühling im Böhmerwald war häufig sehr kurz, in zwei Monaten würden an den Wochenenden schon wieder Ströme von Touristen von Modrava oder Prášily hier herauf wandern oder sich mit Mountainbikes bergan schinden.

Der Wanderweg, den sie eingeschlagen hatten, führte zuerst ein Stück entlang einer Straße, hier kamen die Ranger problemlos vorwärts. Ein verheerender Windwurf und der gefräßige Borkenkäfer hatten den Wald rundum vernichtet. Kaum noch ein Baum warf seinen Schatten. Die Sonne hatte deshalb dem Schnee schon so heftig zusetzen können, dass nur noch Reste herumlagen, deren Schmelzwasser sich in kleinen Rinnsalen die Straße abwärts schlängelte. Die Schäden an den Wegweisern, auf die sie besonders achteten, hielten sich in Grenzen, viel Ausbesserungsarbeit würde das nicht erfordern.

Nach einer guten halben Stunde, als sie sich dem Roklansky slat, dem Weitfäller Filz näherten, änderten die beiden Ranger ihre Richtung. Sie wollten zu einem der kleinen Seen, die hier, gegenüber dem bayerischen Kohlschachten, inmitten eines nahezu undurchdringlichen Moorgebietes still und fast unzugänglich vor sich hinträumten: Jetzt, solange der tiefere Untergrund noch gefroren war, kam man leichter hin als im Sommer. Einer der beiden wollte Fotos für seinen Arbeitgeber, den Nationalpark Šumava, machen. Die Sonne, die weiß schimmernden Schneereste, das blitzende Eis auf der Schattenseite unter den Büschen, das braune, geheimnisvoll schimmernde Moorwasser, dazu die immergrünen Latschen, das musste wunderbare Bilder für den nächstjährigen Nationalparkkalender geben.

Langsam arbeiteten sich die beiden Ranger zum See hin, der eher eine größere Moorlacke war, immer wieder mussten sie ein zu dichtes Gestrüpp oder einen schon aufgetauten sumpfigen Untergrund umgehen. Als sie nur noch etwa hundert Meter von ihrem Ziel entfernt waren, stoppte der eine von ihnen, der Ältere, nahm den Jüngeren an seiner Hand und deutete wortlos in Richtung Moorlacke.

Krähen waren dort vorne zu sehen, Dutzende von Krähen, die einige Meter über dem Erdboden kreisten und immer wieder nach unten stießen. Jetzt konnten die beiden auch das unmelodische Krächzen der schwarzen Vögel hören, die sich offensichtlich um etwas balgten. Aas war um diese Zeit nichts Seltenes hier heroben, wenn der Schnee die Opfer der grimmigen Februarkälte freigab.

Das aber musste schon ein größerer Kadaver sein, wenn sich so eine große schwarze Trauerschar versammelte. Gespannt arbeiteten die zwei Ranger sich weiter nach vorne, dem Moorauge und dem Kadaver entgegen.

Jetzt hatten die Krähen sie entdeckt, einige brachten einen Sicherheitsabstand zwischen sich und die vermeintlichen Fressfeinde, die frecheren aber scherten sich wenig um die Eindringlinge. Dann jedoch räumten die Krähen unter vielstimmigem Protestgekreische endgültig ihren heutigen Futterplatz und die beiden Ranger näherten sich neugierig, ein paar Schneereste querend, der fast kreisrunden, im Querschnitt etwa fünfzehn Meter messenden Moorlacke.

Was sie hier sahen, ließ den zwei Tschechen das Blut in den Adern erstarren. Mit allen möglichen Kadavern hatten sie gerechnet, nur nicht mit einem menschlichen! Ein unförmiger, blutig gebissener und zerhackter Kopf starrte ihnen entgegen, kaum zwei Meter vom Ufer entfernt. Der Kopf saß auf einem kugelhaft aufgeblähten Leib, von dem nur das obere Drittel aus dem brauntrüben Moorwasser ragte. Das aber reichte, keiner von den beiden brachte vor Entsetzen auch nur ein Wort hervor.

Offenbar war die Leiche schon den ganzen Winter im eisigen Wasser gelegen. Die Erwärmung der letzten

Wochen hatte anscheinend bewirkt, dass der Körper nach oben gestiegen war.

Der eine der Ranger wandte sich ab, bückte sich und ergab sich dem Brechreiz, der ihn heftig überkommen hatte. Als er sah, was da bröckerlweise aus seinem Mund quoll, wurde ihm bewusst, wie makaber die Situation war: Noch vor einer knappen Stunde hatten sie ihre Scherze über die Utopenci, die Ersoffenen, gemacht. Etwas anderes wurde dem Ranger fast gleichzeitig bewusst: Bei der Wasserleiche konnte es sich eigentlich nur um die bayerische Kollegin handeln, die seit einem guten halben Jahr vermisst wurde und die sie beide kannten. Erneut schüttelte der Brechreiz den Ranger, bis nur noch gelbe Galle aus seinem Mund lief.

Während der eine der Nationalparkleute sich den Anorak mit Schneeresten von seinem Erbrochenen reinigte, griff der andere zum Handy.

Kapitel 23: Ein Lauffeuer

Die tschechischen Behörden hatten ab sofort bis zu dem Zeitpunkt der Identifizierung der Moorleiche eine Nachrichtensperre veranlasst. Aber die Kunde von dem grausigen Fund da oben im Weitfäller Filz verbreitete sich wie ein Lauffeuer von der Grenze weg in beide Richtungen. Niemand wusste etwas Genaues, aber jeder hatte schon etwas geahnt. Während im Bayerischen Gebiet noch einmal die Version mit den Wölfen hochkochte, war man auf der böhmischen Seite realistischer und tuschelte von einer weitverzweigten deutsch-tschechischen Schmugglerbande.

Auf jeden Fall wurden die Schilderungen der Wölfe auf der bayerischen und der Schmuggler auf der tschechischen Seite von Tag zu Tag bedrohlicher, sodass die Polizeibehörde schließlich froh war, mit der Bekanntgabe der Obduktionsergebnisse endlich den Gerüchten über die Todesursache ein Ende zu setzen. In einer kurzfristig anberaumten Pressekonferenz im Rathaus von Železná Ruda wurden die Medien informiert.

Max Esterl saß da gerade beim Friseur auf dem *Behandlungsstuhl*, um sich, wie er sagte, den *Winterpelz* entfernen zu lassen. Die dezent rotblonde Friseuse, die gerade den grau-weißen Stoppelbart von Esterl zu bändigen versuchte, stellte automatisch das Radiogerät lauter, als eine Sprecherin ankündigte, dass man nach den Regionalnachrichten die Pressekonferenz aus Železná Ruda direkt übertragen werde.

Die Lokalreporterin schickte mit gedämpfter Stimme die wichtigsten Grundinformationen voraus, während die Friseuse den Oberlippenbart vom Max sorgfältig zurechtstutzte:

„Wir befinden uns hier in Železná Ruda im Bürgermeisteramt, wo Bürgermeister Šnebergr gerade die Beamten des Pilsener Ermittlerteams, mit Oberst Josef Holub an der Spitze, begrüßt. Jetzt ergreift Holub das Wort und beginnt, zunächst auf Tschechisch, über den Mord zu erzählen, denn um einen solchen handelt es sich, wenn wir den Gerüchten glauben dürfen, die schon durchgesickert sind. Was hat uns der Polizeioberst zu erzählen? Wir warten gespannt auf die deutsche Übersetzung."

Die Friseurin schnipselte am Kinn vom Max herum. Die Bartschneidemaschine mit ihrem brummenden Geräusch hatte sie schon nach einer Sekunde wieder ausgeschaltet, aus Angst, von der Pressekonferenz nichts mehr zu verstehen.

Im Hintergrund hörte Max die tiefe, voluminöse Bassstimme des tschechischen Freundes, der nach ein, zwei Sätzen abbrach und auf Deutsch sagte: „Dolmätschrin, bittä ibrsätzn!"

„Wie Oberst Holub sagte, können wir ihnen heute die Ergebnisse der kriminaltechnischen Untersuchung und der Obduktion mitteilen. Zu dem oder den Tätern können wir allerdings nichts sagen, weil wir mit den Ermittlungen noch nicht so weit sind."

„Schade!", kam es von der Rotblonden. Sie hatte mittlerweile eingesehen, dass sie ohne Schneidemaschine mit den Borsten am Kinn nicht weiterkam und widmete sich den Haaren, die aus den Ohren von Max sprossen.

Max wehrte sich: „Da nicht. Dann hör ich ja nichts."

Also kamen jetzt die Nasenhaare weg, die so vorwitzig aus Esterls Riechorgan lugten.

Pepi Holub war wieder zu hören, dann die Übersetzerin:

„Soviel steht fest: Erstens, es handelt sich beim Opfer um die 21-jährige, seit vorigem Herbst vermisste Nationalparkrangerin Emma W. aus Zwiesel." Die Friseuse seufzte: „Die Emma. I bin mit ihr in d´Schui ganga!", während die Dolmetscherin fortfuhr: „Und zweitens, die Frau W. wurde aus naher Distanz durch zwei Revolverschüsse getötet." Max spürte, wie die Friseuse erschauerte, während sie seine Augenbrauen kürzte.

Ob der Ludwig jetzt auch gerade die Nachrichten hörte, oder ob man ihm die Informationen schon persönlich mitgeteilt hatte? Während die Reporterin die Abmoderation machte, überkam Max Esterl tiefes Mitleid mit der Familie Rindl und er stimmte der Rotblonden zu, als diese, bevor sie die Schneidemaschine einschaltete, mit einem inbrünstigen Seufzer sagte: „Des hats net verdient, de Emma, des net."

Kapitel 24: Grenzüberschreitende Ermittlung

„Heute habe ich etwas Brivates mit dir zu besprechen. Bitte nimm Blatz.“ Anke Brandt bot Max Esterl einen Stuhl in ihrem Büro an. Die Fränkin, die bei ihrem letzten Fall den beiden Ex-Polizisten Ludwig Rindl und Max Esterl auf der Suche nach zwei Mumienmördern als Assistentin zur Seite gestanden hatte, hatte inzwischen ihre zwei beruflichen Traumziele erreicht: Sie war Polizeibeamtin und sie gehörte der Inspektion in Zwiesel an.

Max sah Anke fragend an: „Privates?“

„Es geht um deinen Freund, den Ludwig.“ Max verzog sein Gesicht. Er hätte den Ludwig nicht unbedingt als seinen Freund bezeichnet. Die beiden waren zwar gemeinsam zur Knabenvolksschule in Zwiesel gegangen, dann aber hatten sich ihre Wege getrennt, Max hatte eine kleine Karriere bei der Kripo in München gemacht und Ludwig hatte es immerhin bis zum Dienststellenleiter in Zwiesel und in der Kreisstadt Regen gebracht. Ludwig Rindl hatte in seiner aufbrausenden und etwas arroganten Art den Schulfreund oft auflaufen lassen und ihm gezeigt, was er, der noch in Amt und Würden war, vom Ex-Kriminaler hielt.

„Was ist mit dem Ludwig?“ Seit dem Verschwinden seiner Enkelin Emma hatte sich der Ludwig kaum mehr blicken lassen.

„Den Ludwig hat die Nachricht vom Dod der Emma so mitgenommen, dass er fast durchgedreht ist. Der hat sie geliebt wie sonst niemanden. Sie war sein einziges Enkelkind.“

Max konnte Ludwigs Schmerz gut verstehen. Auch er und Eva hatten ja eine Ziehtochter, die Anna. Wenn der so etwas passiert wäre …

„Jetzt wechseln sich bei ihm auf alle Fälle so Phasen ab: Mal ist er drübsinnig, mal wieder schwört er Rache. Fast jeden Tag ist er bei mir und will Ergebnisse sehen. Er ist mehr als lästig, aber ich will ihn nicht hinauswerfen, ich schaff´s nicht. Und dann wieder droht er, dass er die Sache selbst in die Hand nehmen und die Schweine umbringen will."

„Ja steht das denn schon fest, wer es war, habt ihr denn schon genügend Beweise? Die Scorpions?"

Max sah Anke wieder fragend an.

„Wenn´s so einfach wäre." Anke erwiderte den Blick, seufzte und begann zu berichten: „Ich will dir alles erzählen, was wir bis jetzt wissen. Aber du musst mir versprechen, dass du das wie ein Dienstgeheimnis behandelst. Vielleicht kannst du dann dem Rindl helfen. Und damit auch mir."

Erst klärte Anke ihren Ex-Kollegen über den Stand der Ermittlungen auf.

„Also, seit gestern wissen wir, dass die Emma erschossen wurde. Waffe, Kaliber usw. wissen wir noch nicht, das überprüfen jetzt die Ballistiker, da könnten wir schon erste Hinweise bekommen. Viel mehr aber erhoffen wir uns von der Auswertung ihres Handys, wenn wir es gefunden haben."

„Sie hatte ein Handy bei sich, das ist normal. Aber das funktioniert noch? Nach einem Böhmerwaldwinter in diesem Eisloch? Und könnte es nicht sein, dass ihr das Gerät nicht findet in der Moorgumpe, oder dass die Mörder ihr das Handy abgenommen haben?"

„Das sind unsere drei Probleme. Ein Rangerkollege von Emma, der ihr sehr nahe stand, hat uns schon bei den Vernehmungen anlässlich ihres Verschwindens im vorigen Jahr erzählt, dass sie irgendeiner Sache auf der Spur war. Sie wollte offenbar in die Fußstapfen ihres Opas treten, hat dem Kollegen etwas von Schmugglern erzählt und ihm sogar Handyaufnahmen von ihnen gezeigt. Die Bascher waren jedoch auf den Bildern so weit weg, dass der Kollege nicht wirklich was erkennen konnte. Aber Emma soll gesagt haben, dass sie dranbleibt und dass sie die schon noch kriegt und dass ihr Opa Augen machen wird. Emma hatte ihr Handy immer bei sich, hat der Kollege gesagt, und es war angeblich sogar ein wasserfestes. Aber unsere Spurensicherer haben nichts bei ihrer Leiche gefunden. Jetzt sind sie dabei, das Moorloch sysdemadisch abzudauchen und zu suchen. Aber das kann dauern."

„Entschuldige, Anke, dass ich so dumm frage: Ist die Fundstelle denn nicht auf tschechischem Gebiet? Du redest immer von unseren Leuten. Sind da nicht unsere Nachbarn zuständig?"

Anke grinste. „Da sind wir seit einiger Zeit schon weiter als ihr kalten Krieger damals ward. Grenzüberschreidende Bolizeiarbeit, hast noch nix davon gehört?"

Die Fränkin zwinkerte mit ihren Augen. „Dein Freund Josef Holub, Oberst bei der westböhmischen

Kripo, hat das ermöglicht. Auf meine Veranlassung und meine Bitten hin."

Anke deutete mit einem verführerischen Blick und einem Augenaufschlag an, wie sie den Pepi überzeugen hatte können.

„Und jetzt sind gerade unsere Daucher dort oben und suchen und suchen. Ich möchte heut noch zum Dadort, nachschauen, was sich dud. Magst mit?"

Natürlich wollte Max. Er musste nur noch heim, Eva Bescheid sagen, gute Schuhe und etwas Warmes anziehen.

Anke hatte Max in ein geländegängiges Polizeiauto verfrachtet und war mit ihm nach Buchenau und von dort die Straße hinter dem Schloss hochgefahren. Den ersten Teil der Strecke kannte Max gut. Hier war er oft zu Fuß gegangen, wenn er zum Lindberger Schachten unterwegs war. Dann aber führte die Forststraße weiter, immer höher hinauf. Hatten in Buchenau die Bäume, von denen der Ort seinen Namen hatte, schon zartgrüne Blätter ausgetrieben, so war hier, einige hundert Meter weiter heroben, noch nichts davon zu sehen. Der Forstweg war nass vom tauenden Schnee, an seinen Rändern aber blühten schon die ersten Frühlingsboten: Die grün-weißlichen Pestwurzstängel waren nicht zu übersehen. Etwa einen halben Kilometer fuhr Anke ein riesiges Windwurfgebiet entlang, das jetzt trostlos, mit Flecken grauen Schnees durchzogen, zu ihrer Linken lag. Mitten in diesem Hang stoppte Anke.

„Aussdeigen, von hier geht´s zu Fuß weiter. Die Spusi mit ihrem schweren dechnischen Gerät ist von der dschechischen Seide her gekommen, die sieht man von hier nicht", bedeutete Anke ihrem Begleiter, bevor der noch fragen hatte können.

Anke und Max marschierten zuerst eine Weile ein Bächlein entlang. Der Weg, den sie genommen hatten, war schmal, aber gut zu gehen. Nur hin und da stellte sich ihnen eine kleine Barriere aus Schneeresten in den Weg. Nach einigen Minuten querten sie den Bach und damit die Grenze, und dann dauerte es nicht mehr lang, bis sie die Dieselmotoren hörten, mit denen das Spurensicherungskommando seine verschiedenen Geräte mit Strom versorgte. Als sie näher kamen, sah Max, dass die bis vor kurzem unberührte Natur hier schon ganz schön gelitten hatte. Die gerade eben sich aus ihrem Winterschlaf erhebenden Gräser waren niedergetrampelt, die Büsche rings um den Moorsee waren zerzaust, selbst einige der Latschen hatten Schaden gelitten: Äste waren abgebrochen, viele waren umgeknickt worden. Überall um den See herum waren die in weiße Schutzanzüge gekleideten *Schneemänner* verteilt, überall krochen sie herum.

Als Anke sah, wie Max ob des Tohuwabohus seinen Kopf schüttelte, beeilte sie sich zu versichern, dass die Spurenleser als erstes ganz vorsichtig und sorgfältig die Umgebung der Moorlacke abgesucht hatten. Ohne Ergebnis: Der Schnee, der hier monatelang gelegen war, hatte alles erdrückt und verwischt.

„Dann ist die Leiche geborgen worden. Keine leichte Arbeit", erklärte ihnen jetzt der Leiter der Spusi, der sich zu ihnen gesellt hatte. „Alles hat sich aufgelöst.

Wir mussten sie erst in ein großes Tuch packen, um sie als Ganzes bergen zu können."

„Seit vorgestern ist sie in der Padologie", fügte Anke hinzu. „Es ist ohne Zweifel die Emma. Sie hatte alle ihre Ausweise bei sich. Eine Identifizierung aber konnten wir den Angehörigen leider nicht ersparen."

„War allerdings kaum möglich, so wie die ausgschaut hat", ergänzte jetzt der Spusi-Häuptling. „Aber sie ist eindeutig erschossen worden. Mehr wissen wir noch nicht."

„Ihr Handy habt ihr also noch nicht gefunden? Sie hatte es immer bei sich, hat ihr Kollege gesagt. Entweder der oder die Mörder haben es ihr abgenommen, oder es liegt noch im Wasser. Wenn das stimmt, dass die Emma geheimnisvollen Dingen auf der Spur war und sie diese fotografiert oder gefilmt hat, dann brauchen wir das Handy unbedingt."

„Wir suchen ja schon die ganze Zeit danach. Aber das ist halt die berühmte Stecknadel im Heuhaufen. Jetzt kommen sie grad wieder nach oben", kommentierte der Spurensuchboss das Emporschwallen zweier Taucher, die mit ihren Händen andeuteten, dass sie außer einer Bierdose nichts gefunden hatten.

„Wir haben bis jetzt etwa zwei Drittel des Wassers und des Untergrundes durchsucht, doch außer Zivilisationsmüll haben wir nichts gefunden."

„Auch keinen Nazischatz aus dem 3. Reich?" Max hatte sich daran erinnert, dass in seiner Jugendzeit immer wieder Gerüchte aufgetaucht waren, die behauptet hatten, im Teufelssee bei Böhmisch Eisenstein oder im Schwarzen See oder aber dort oben in einem der Latschenseen seien von der SS Schätze versteckt worden.

„Einen Schatz haben wir gar nicht erwartet, aber wenn einer da unten liegt, dann finden wir ihn. Ich persönlich wäre schon zufrieden, wenn wir das Handy der Ermordeten finden würden. Und das werden wir auch!“ Der Mann im weißen Schutzanzug lachte grimmig.

Während wieder einer der Taucher an die Wasseroberfläche schwallte und mit Handzeichen zu verstehen gab, dass er nichts gefunden hatte, berichtete Anke dem Max davon, dass Ludwig Rindl die Identifizierung seiner Enkelin übernehmen hatte müssen.

„Seine Tochter hat´s nicht derbackt, die ist völlig ferdig. Du, Max, ich muss dem Rindl direkt ein bissl Abbitte leisten. Du weißt schon, bei unserem letzten Fall, da war er schon ein wenig … äh … schwierig, aber jetzt…, also seiner Tochter, der Mama von der Emma, der hilft er vorbildlich. Wenn er nur nicht…“ Anke vollendete ihren Satz nicht.

„Was wolltest jetzt sagen, Anke?“

„Ach, Max, ich wollt dich nochmal bitten. Der Rindl hat wirklich geschworen, dass er die Kerle umbringt. Und dem ist es ernst damit. Der macht das! Bitte hilf! Du kennst den Rindl am besten. Lass ihn nicht ins Unglück laufen, er ist mit Emmas Tod eh schon gestraft genug. Die Täter erwischen wir auch so. Du siehst es ja: Vieles deutet darauf hin, dass Emma einem Verbrechen auf der Spur war: Ein Arbeitskollege von ihr hat damals etwas ausgesagt, wir haben das noch einmal überprüft. Und wenn unsere Taucher da das Handy gefunden haben, können wir nur hoffen, dass die Emma etwas Verwertbares hinterlassen hat."

Wieder tauchte einer der schwarzgummigekleideten Wassermänner auf. Diesmal hielt er, während er seine linke Hand triumphierend zur Faust ballte und schüttelte, etwas Kleines, Unscheinbares, Schwarzes in seiner Rechten: „Das Handy!", riefen Anke, Max und der Spusi-Häuptling gleichzeitig.

Auf dem Weg hinunter nach Buchenau hingen Anke und Max jeweils ihren Gedanken nach. Beide sahen vor ihrem geistigen Auge die Bilder, die das Handy hoffentlich noch preisgeben würde, beide sahen einen Film, der die Täter überführen würde. So genau Anke und Max auch hinschauten, erkennen konnten sie die Personen auf ihren inneren Bildschirmen nicht.

Als Anke ihren Wagen aus dem Wald heraus lenkte und die letzten paar hundert Meter die noch winterbraunen Wiesen entlang Richtung Buchenauer Schloss fuhr, überblendete die untergehende Sonne, die sich gerade über den Bergrücken des Vorderen Bayerischen Waldes senkte, mit ihrem blutroten Schein die inneren Bilder der beiden Ermittler.

Bis Zwiesel herrschte Schweigen. Max öffnete die Beifahrertür, um auszusteigen.

„Jetzt liegt es an den Technikern. Ich halte dich auf dem Laufenden, Max, Ade. Und, bitte, das mit dem Handy wollen wir nicht an die große Glocke hängen, noch nicht. Die Täter, wer auch immer sie sind, die sollen nicht vorgewarnt werden."

„Klar, Anke. Und ich schau mal nach dem Ludwig. Versprochen!"

Kapitel 25: Suberfodos

Schon am nächsten Tag versuchte Max, seinen Schulfreund Ludwig Rindl zu erreichen. Am Telefon meldete sich immer nur der Anrufbeantworter, sein Haus schien verlassen, niemand reagierte auf das Klingeln. Max durchquerte den Rindl´schen Garten, auch hinter dem Haus war nichts zu entdecken, was einen Hinweis auf den Hausbesitzer gegeben hätte. Tote Hose.

Jetzt, wo Max schon unterwegs war, machte er einen kleinen Umweg und schaute bei der Zwieseler Polizeidienststelle vorbei, in der Hoffnung, dort den Kleinwagen von Anke Brandt auf dem Parkplatz zu sehen. Als er den Renault Twingo entdeckte, wollte er schon reingehen, um Anke nach dem neuesten Stand zu befragen. Doch in letzter Sekunde hielt ihn etwas zurück. Wie sah das aus, wenn er, der Pensionist, seine Nase allzu sehr in Dinge steckte, die ihn nichts angingen?

„Kruminale, Max Esterl, du kannst es nicht erwarten, bis du wieder tief drin steckst in einem Fall“, brummte er halblaut, schüttelte seinen Kopf, legte den Gang ein und fuhr heim. Dort setzte er sich an seinen Leseplatz im Wohnzimmer und nahm sich die wunderbare Biografie des Böhmerwald-Landarztes Dr. Josef Klostermann, des Vaters von Karl Klostermann aus dem Bücherregal. Die nächsten zwei Stunden wollte er auf andere Gedanken kommen. Keine Moorleiche, keine Handyauswertung, kein Racheengel Ludwig.

Max Esterl erwachte, als er von seiner Frau gerüttelt wurde: „Da schläft mein Mann noch vor dem Mittagessen“, hörte er die Eva sagen. „Warte, ich geb ihn dir.

Rede aber laut und deutlich", fuhr Eva kopfschüttelnd fort, „ich glaub, der hört nimmer gscheit, der hat das Telefon einfach nicht gehört, obwohl du es durchläuten hast lassen." Mit einem spitzbübischen Lächeln überreichte Eva das mobile Gerät ihrem Mann.

„Esterl."

„Die Ange ist hier, die Ange Brandt." Wie immer, wenn die Anke aufgeregt war, kam ihre fränkische Muttersprache ganz deutlich zum Vorschein. „Schdell dir vor, Max, die Handyauswerdung, die had geglabbd. Suberfodos und aa a Film. Ich bin ganz aafgerechd, Max, kannsd komm? Du musst mir helf, die möglichen Däder zu idendifizieren, einen davon kennst du bestimmt. Ach Max, ich bin so aafgrechd. Jetzt hammas."

Max erntete erneut Kopfschütteln bei Eva, als er „das Mittagessen muss warten!" rief und gleichzeitig die Autoschlüssel vom Bord nahm, sich in seine Schuhe löffelte und im Vorbeigehen von der Garderobe seine Trachtenstrickjacke herunterhangelte. Max streckte seinen Kopf noch einmal ins Wohnzimmer herein. „Wichtig, Eva. Kann dauern. Fang du schon mit dem Mittagessen an." Jetzt schüttelte Frau Esterl zum dritten Mal ihren Kopf: „Der wird nimmer gescheiter!"

Kapitel 26: CZ 75

Anke Brandt saß vor dem Bildschirm ihres PC und schaute zu ihrem früheren Kollegen Max Esterl, der direkt neben ihr saß.

„Wir haben sie, wir haben sie!“, rief sie immer wieder wie ein kleines Schulmädchen, mit sich vor Aufregung überschlagender Stimme. „Die Emma hat zum Glück ein wasserfestes Handy benutzt. Ihr Kollege hat uns erzählt, dass sie es erst kurz zuvor gekauft hat. Weil sie so oft bei Wind und Regen telefonieren hat müssen, hat die Emma ihm gegenüber ihren teuren Kauf begründet. Ich sag dir, Max, die Emma, die hat schon so was vorgehabt. Ihr großes Vorbild war der Opa Ludwig. Die hatte ein Ermittlergen.“

„Genau wie wir.“

„Pass auf Max, ich spiel die Szene ab.“

Ans Aufpassen hätte sie Max nicht unbedingt erinnern müssen: Der saß so nahe am Bildschirm wie es nur ging, seine Augen waren starr auf die Bildschirmfläche gerichtet.

Erst einmal zeigte Anke Fotos, die, dem eingeblendeten Datum zufolge, etwa drei Wochen vor Emmas Verschwinden gemacht worden waren. Fotos, die Emma offenbar aus größerer Entfernung und aus einer Deckung heraus geschossen haben musste. Im Vordergrund waren auf alle Fälle fast immer ein Baumstamm oder herabhängende Fichtenäste zu sehen, die Emma genutzt hatte, um für die Objekte ihrer Fotos unsichtbar zu bleiben. Max konnte erkennen, dass diese

Aufnahmen auf einem der Schachten gemacht wurden, auf welchem, das wusste er nicht zu sagen. Aber das war jetzt auch nicht interessant. Wichtiger waren die Personen, die auf den Fotos abgebildet waren. Sie ähnelten den Gestalten, denen sie damals auf ihrer „Schmugglertour" von Hurkenthal nach Bayern begegnet waren: Trapperbekleidung, Rucksäcke. Anke zoomte die zwei Figuren heran, so nah es ging. Die Gesichter wurden größer, aber unscharf. Es waren eben Handyaufnahmen. Max war ein wenig enttäuscht, aber Anke tröstete ihn: „Einiges davon kann man schon verwenden. Und unsere Techniker haben versprochen, dass sie noch mehr herauskitzeln können. Aber wart nur ab. Das ist erst der Anfang. Es kommt noch besser, viel besser!" Die nächsten Aufnahmen, eine Woche später datiert, zeigten dieselben Personen, in fast identischer Kleidung. „Stopp!", rief Max, bei dem Bild, das die bisher schärfste Version zeigte. „das sind die zwei, denen wir vor einiger Zeit in der Gegend da oben begegnet sind." Max erzählte von ihrem damaligen Ausflug in die Welt der Pascher-Vergangenheit und von ihrer Begegnung mit den beiden jämmerlichen Skifahrern.

„Einer davon ist der Tschortsch." Max erzählte weiter von ihrem Erlebnis bei der Grenzüberquerung und er erwähnte auch, dass der Rindl und sein alter Kollege, der Rudi Hasensperl, dabei gewesen waren.

„Hasensperl?" Anke wurde stutzig. „Hattest du Hasensperl gesagt?" Als Max Esterl bejahte, pfiff Anke durch die Zähne. „Hasensperl ist ja nicht gerade ein häufiger Name. Ist das derselbe Hasensperl, der sich jetzt von München aus mit der Sache beschäftigt und dem ich laufend berichten und alle unsere Informationen zur Verfügung stellen muss?"

Max sagte nichts dazu, er zuckte nur mit den Schultern, aber er machte sich seine Gedanken. War es das, was ihm der Rudi im Suff erzählt hatte? Irgendwie hatte er etwas geahnt. Der Rudi, der Sauhund war nicht wegen seiner böhmischen Ahnen in Zwiesel gewesen, der war mehr dienstlich unterwegs gewesen. Darum hatte er sich ein gutes Hotel und noch Einiges geleistet! Er war auf Spesen gereist. Und er, Max Esterl, der Idiot, hatte damals geglaubt, Rudis Interesse an seiner alten Heimat sei echt gewesen, er hatte extra für den Rudi die Führung in Maurenzen und bei den sonderbar verlaufenen Grenzüberquerungen veranlasst.

„Max, schau her, jetzt wird es wirklich spannend". Mit diesen Worten riss Anke den Alten aus seinen Gedanken. Max war sofort wieder voll konzentriert.

Auf dem Bildschirm lief jetzt ein Handyvideo. Die Kulisse war eine ähnliche wie bei den Fotos, die Bildqualität war gut, wenngleich einige Sequenzen arg verwackelt waren. Max sah einen baumstumpfbestandenen Bergrücken, der von einer kleinen Straße durchschnitten wurde. Dann schwenkte die Kamera den Weg entlang, Emma hatte gezoomt und suchte daraufhin nach dem Beobachtungsobjekt, das sie zeigen wollte. Wegen der starken Vergrößerung wackelte das Bild, aber man konnte dennoch drei Männer erkennen. Drei Männer, von denen zwei ziemlich schwer an ihren vollbepackten Rucksäcken zu schleppen hatten.

„Was sagst du dazu, Max? Welchem Vergehen war die Emma auf der Spur?“ Anke beantwortete ihre Frage selber: „Kann doch wohl nur Schmuggel gewesen sein. Der Regierungsdirektor Hasensperl vom Staatsschutz, der für die Überwachung von verbotenen Organisationen zuständig ist, hat uns auf alle Fälle darüber informiert, dass die Scorpions, deren Chapter in Nürnberg verboten worden ist, hier im Bayerwald wieder aktiv geworden sind. Offenbar widmen die sich hier wieder ihren *Kerngeschäften*: Der Förderung der Prostitution, denn da haben sie in Železná Ruda einen Bordellbetrieb begonnen…“.

„Weiß ich!“, unterbrach Max Esterl. Anke zog eine Augenbraue hoch und sah Max amüsiert an.

„Das weiß unser Pensionist natürlich. Von wem hast sie denn her, die Information?“ Als Max seine Augen überdrehte und die Achseln zuckte, lächelte Anke wissend: „Lass mich raten: Vom Oberst Holub?“

„Nicht ganz.“

„Von der Irmi?“ Max nickte bestätigend.

Anke kannte die beiden von ihrem letzten gemeinsamen Fall her.

„Also, dann brauch ich dazu nicht viel zu erzählen: Brutale Methoden im Prostituiertenmilieu, wahrscheinlich noch Drogenhandel und vor allem auch der Schmuggel von Waffen, bevorzugt von Scorpion-Handfeuerwaffen. Die benutzen sie selber auch gerne und darauf geht vermutlich sogar ihr Bandenname zurück: Scorpions. Die Scorpions sind also nach ihrem Verbot aufs Land gegangen und haben sich wieder ihrem früheren Geschäftsmodell zugewandt. Die tschechische Scorpion hat sehr wenig Gewicht. Wenn du fünf davon in je einen Rucksack packst und über die Grenze bringst, dann hast du pro Person etwa 3000.- Euro Gewinn, hat der Regierungsdirektor Hasensperl gesagt."

Max pfiff durch die Zähne. Dann hatte sich die Schinderei auf den Skiern für die beiden damals gelohnt. Dem Hasensperl würde er nie verzeihen, dass er sie die ganze Zeit an der Nase herumgeführt und nur so getan hatte, als ob er eine Wanderung machen möchte. Dann hatte der Hasensperl natürlich auch die Katastrophenwanderung über den Osser nur aus Ermittlungsgründen gemacht? Dem würde er etwas erzählen, wenn er das nächste Mal nach Zwiesel käme!

„So, und jetzt schicke ich eine Information voraus, die ich eigentlich zurückbehalten wollte, bis ich dir den letzten der Filme von Emmas Video gezeigt habe: Unsere Ballistiker haben herausgefunden, dass Emma mit zwei Schüssen..."

„Aus einer Scorpion?"

„Nein, es war eine CZ 75. Eine tschechische Dienstpistole, die seit 1975 produziert und immer wieder neu aufgelegt wird. Die alte Version aus den Zeiten des Kalten Krieges ist inzwischen sehr selten. Und jetzt halt dich fest, Max. Es ist die Waffe, die..."

„Der Sykora benutzt."

„Genau, Max. Du weißt es ja noch von unserem letzten Fall her. Der Sykora hat die CZ 75 immer bei sich. Er bezeichnet sie als seine Lebensversicherung. Die

CZ 75 war die bevorzugte Pistole des tschechischen Geheimdienstes, für den der Sykora ja ganz erfolgreich gearbeitet hat, bevor er sich bei der samtenen Revolution 1989 dann selbstständig gemacht und sein Gangsterimperium aufgebaut hat."

Anke Brandt setzte ihrem Ex-Kollegen den Zeigefinger auf die Brust:

„Der Großverbrecher Sykora, der uns schon einmal entkommen konnte, ist offenbar wieder im Lande. Man sieht sich immer zweimal." Max sah Anke Brandt an wie aufgeregt sie war. Dass der Sykora ihnen damals entkommen war, das hatte der ehrgeizigen jungen Polizistin schon sehr zugesetzt. Jetzt sah sie die Möglichkeit, die Scharte von damals auszuwetzen.

„Und der Sykora schmuggelt Waffen? Er persönlich? Hat er das nötig? Der war doch durch seine Machenschaften Multimillionär geworden." Max Esterl sah Anke Brandt zweifelnd an.

„Der Sykora ist nicht mehr der schwerreiche Mann, der er einmal war. Ich habe mich bei Oberst Holub erkundigt. Als er damals aus Passau fliehen musste, hat ihn das ziemlich gebeutelt. Der Tschechische Staat hat sich an seinem Vermögen schadlos gehalten und den Rest hat ihm sein Ex-Geschäftsführer abgeluchst. Aber so einer wie der Sykora fällt immer auf die Füße. Man munkelt, dass er inkognito irgendwo im Böhmerwald lebt und dabei ist, sich dort schon wieder eine Verbrecherexistenz aufzubauen. So hat das jedenfalls der Regierungsdirektor Hasensperl am Telefon erzählt."

„Kruminale. Den wen ich erwische…"

„Den Sykora?“

„Nein, den Hasensperl. Den Sykora auch, aber der Hasensperl, der hat mich nach Strich und Faden angeschmiert, hat getan, als wäre er im Urlaub…“

Anke ließ den Ex-Kollegen einige Zeit vor sich hinprogeln und klickte dann auf die Maustaste ihres PC, um Max die Fortsetzung der wieder hergestellten Handyaufnahmen von Emma zu zeigen. Max beugte sich konzentriert zum Bildschirm hin.

Und das, was er sah und hörte, ließ dem Ex-Kommissar zunehmend das Blut in seinen Adern gefrieren. Die Aufnahmen, die zeitweise total verwackelt, dann aber wieder von guter Qualität waren, dokumentierten zunächst einen Streit, eine lautstarke Pöbelei. Drei Männer waren zu sehen und vor allem auch zu hören, die aggressiv auf die mit dem Handy filmende Emma zustürmten und sie bedrohten. Emma befand sich auf dem Rückzug, die Bilder überschlugen sich, holperten, offensichtlich hatte Emma versucht, den Männern zu entkommen.

Max umklammerte die Lehne des Stuhls, auf dem Anke saß und starrte auf den Bildschirm.

Die Männer hatten Emma erreicht und schrien auf sie ein.

Max glaubte, einige Sätze verstehen zu können:

„Was machst du hier, du Schlampe? Spionierst uns nach!“

Anscheinend hatte die Rangerin das Handy minutenlang in ihrer Handfläche versteckt gehalten und die

Männer hatten erst jetzt entdeckt, dass sie die ganze Zeit gefilmt worden waren. Ihr Ton wurde noch brutaler und sie griffen Emma plötzlich direkt an. Man glaubte die Schläge, mit denen sie ihr Opfer überzogen, zu spüren, so wackelte das Bild der Handykamera. Die Schreie der Rangerin waren für Max so erschütternd, dass er sich am liebsten seine Ohren zugehalten oder der Anke *Schalt aus!* zugerufen hätte.

Die Männer versuchten an das Handy zu kommen, aber Emma verteidigte sich mit Zähnen und Klauen.

„Jetzt hat sie mich gebissen, die Sau!", glaubte Max zu hören und dann hörte er noch einen lang sich dehnenden schrillen Schrei der Emma und dann sah er, wie alles auf dem Bildschirm sich drehte und die Bilder in rasender Geschwindigkeit wechselten, wie die Geräusche in den Hintergrund traten, bis, nach zwei, drei Sekunden, ein Platschen zu hören war und sich die Umgebung des Handys in etwas Grüngraues verwandelte, das sich wie ein Schleier auf dem Bildschirm ausbreitete und dann in Schwärze überging. In Totenschwärze…

Stille herrschte im Raum. Max hörte Anke seufzen.

„Das war´s. Sie war noch so schlau, dass sie ihr Handy in das Wasserloch, den Moorsee geworfen hat. Genutzt hat ihr das nichts."

„Wie?" Max schaute seine junge Kollegin fragend an.

„Ich hab´s ja schon gesagt: Zwei Schüsse. Und dann haben sie der Emma noch eine Ladung Steine in den Rucksack getan und sie in den See geschmissen. Die Ballistiker haben den Waffentyp todsicher identifiziert:

Es war eine CZ 75, aus der die Schüsse abgegeben wurden."

Als Max ein tiefes Stöhnen hören ließ, drehte sich Anke auf ihrem Stuhl zu ihm hin.

„Gell, machst dir auch Gedanken!"

„Gedanken?"

„Ja, weil mir den Sykora voriges Mal haben entkommen lassen. Wenn der uns damals in Passau nicht abgehauen wär, dann wär des Malheur da nicht passiert. In mir rührt sich da was. Manchmal könnt´ ich heulen."

Max Esterl konnte die Gemütslage der jungen Kollegin verstehen. Aber was hätten sie tun sollen, in Passau, als der Sykora mit dem Helikopter entkommen konnte? Ihn abschießen, wo er doch die Irmi als Geisel mit drin hatte?

Max legte der Anke die Hand auf die Schulter.

„Nix kannst da machen. Du musst dir eingestehen, dass du nicht alles in der Hand hast. Du bist nicht der Herrgott! Du bist auch nicht für alles verantwortlich, was passiert."

„Ich hab die Grise, Max! Alles hängt mit allem zusammen. Wenn wir damals doch nur…"

„Schluss, Anke! Natürlich hängt alles mit allem zusammen, aber du kannst nichts mehr rückgängig machen, die Emma wird nicht mehr lebendig, wie sehr du dich auch marterst."

Anke schaute über ihre Schultern hin zu dem älteren Kollegen und Freund. Ihre Augen waren tränennass.

„Aber jetzt ist Schluss. Jetzt erwischen wir ihn und dann grachd´s! Das verschbrech ich dir!"

Max lächelte versonnen. „Erwischen werden wir ihn. Wir brauchen nur noch einen Plan."

Kapitel 27: Der dritte Mann

Die endgültige Auswertung der Bilder von Emmas Handy durch die Experten hatte einige Zeit auf sich warten lassen. Die Bilder waren vergrößert worden, der Ton war ausgewertet worden. Das Ergebnis der Analysen erläuterte Anke ihrem früheren Kollegen persönlich:

„Also, Max, es ist klar, dass es drei Personen waren, die die Emma angegriffen haben. Einen davon haben wir ziemlich sicher identifiziert: Es ist dein Bekannter, der Tschortsch!

Beim zweiten Angreifer sind wir uns noch nicht sicher. Er schaut aus wie einer, der schon lange Mitglied im Chapter der Scorpions ist, ein alter Freund vom Tschortsch. Ellenlanges Strafregister: Erpressung, Zuhälterei, unerlaubter Waffenbesitz, da kommt was zusammen bei ihm."

„Und der dritte Mann?", warf Max ein. „Ist es der…?"

„Bingo!", schnitt die Polizistin den Satz ihres Ex-Kollegen ab.

Anke lächelte ihr Gegenüber an, aber ihre Augen lächelten nicht.

„Könnt sein, dass er hier den entscheidenden Fehler gemacht hat, unser dritter Mann! Seit seinem Entkommen in Passau ist er bei uns registriert und international zur Fahndung ausgeschrieben, der Sykora und alles deutet auf ihn hin: Die Sprachexperten sind sich sicher, bei einem von den Tätern einen tschechischen Akzent gehört zu haben: Erster Hinweis auf Sykora!

Die CZ 75, aus der die tödlichen Schüsse abgegeben wurden, stammt aus einer ganz frühen Serie, aus den sechziger Jahren. Eine nach wie vor ausgezeichnete Waffe, aber fast nicht mehr zu kriegen, ein absolutes Liebhaberexemplar, zweiter Hinweis auf Sykora.

Und einmal ist sein Gesicht zu erkennen, das wir gescannt, biometrisch untersucht und mit unseren Fotos von Sykora verglichen haben. Dritter Hinweis! Die Schlinge zieht sich zusammen. Wir überlegen zur Zeit, ob wir die beiden anderen Täter verhaften sollen. Die Beweise würden reichen. Aber dann ist der Sykora gewarnt und haut wieder ab. Die beiden Skorpione werden wir auch später noch zu fassen kriegen."

„Der dritte Mann", sinnierte Max. „Noch haben wir ihn nicht. Aber ich wüsste da vielleicht einen Weg..."

„Lass hören!"

„Das, was ich dir jetzt sage, muss aber unter uns bleiben, Anke. Es ist auch besser für dich, wenn du offiziell nichts von meinem Plan weißt." Max zwinkerte Anke mit einem Auge zu. „Der Plan ist nicht ganz mit euren Methoden zu, ...äh, stimmt nicht ganz mit dem überein, was ihr..."

„Also ein wenig illegal?" Anke zog ihre Augenbrauen hoch. „Typisch Max Esterl. Aber mir ist fast alles recht, wenn wir nur den Sykora drankriegen."

Nahezu eine halbe Stunde lang erläuterte Max seinen Plan: Der Sykora war offenbar wieder im Land, genauer gesagt im Böhmerwald, einem riesigen, unüberschaubaren und fast menschenleeren Gebiet. Dank seiner sagenhaften Fähigkeit, sich zu verwandeln und unterzutauchen, wusste niemand, wo er sich gerade aufhielt. Auch die tschechischen Kollegen tappten, wie der Oberst Josef Holub der Anke glaubhaft versichert hatte, im Dunkeln.

Die Polizei hatte, so erklärte Max, den Vorteil, dass noch nichts von dem an die Öffentlichkeit gedrungen war, was die Ermittlungen im Mordfall Emma inzwischen ergeben hatten. Die Gangster konnten sich sicher fühlen.

„Jetzt müssen wir abwarten, bis die Scorpions wieder eine Schmugglertour machen. Vermutlich hat der Sykora jedes Mal seine Hände mit im Spiel. Sie holen die Ware von ihm drüben auf der tschechischen Seite ab und er begleitet sie offenbar auch bei ihren Paschergängen. Sie bei so einer Grenzüberquerung zu schnappen dürfte doch kein großes Problem sein."

„*Vermutlich* hast du gerade gesagt und *offenbar* hast du auch gesagt! Geht es nicht etwas gongreder, Max? Das sind doch alles Hybodesen. Wir wissen, dass der Sigora bei dem Schmuggelgang, der zum Mord an Emma führte, beteiligt war. Wir haben die Videoaufnahmen, wir haben die Dadwaffe. Aber woher wissen wir, wann die Drei wieder eine Tour unternehmen und woher wissen wir, wo sie die Grenze überqueren. Genau den Weg über die Filze, an dem der Mord passiert ist, den werden sie sicher nicht mehr nehmen."

„Du hast schon recht, Anke, aber wir haben noch ein Ass im Ärmel. Ein Ass, von dem die Polizei nichts wissen darf. Dir erzähl ich´s, Anke, aber wenn es rauskommt, dann hast du nichts davon gehört! Ich nehme das auf meine Kappe."

Und dann schilderte Max seiner jungen Freundin die Geschichte mit der Überwachungskamera.

„Wir wissen über alle Bewegungen der Scorpions Bescheid. Ich habe zwar nicht eure Möglichkeiten zur biometrischen Identifikation von Gesichtern, aber ich bin mir ziemlich sicher, dass der Sykora zu Besuch bei den Scorpions war. Vor nicht allzu langer Zeit! Dass er sich das traut, der Sykora, dieses arrogante Arschloch! Kruminale! Nach Zwiesel zu kommen!"

„Du spannst also Kinder ein für deine Zwecke! Max, ist dir bewusst, welche Gefahr von den Scorpions ausgeht?"

„Das ist das einzige Problem, das ich noch lösen muss. Die Kinder dürfen nicht mehr auf den Baum. Von euch kann das auch keiner machen, ihr dürft ja gar nichts wissen von der illegalen Überwachung. Und ich komm da nicht mehr rauf, mit meiner Wampe. Da würden die Äste abbrechen! Aber ich finde schon einen Weg, Anke, verlass dich drauf."

Auf der Straße vor dem Polizeigebäude pfiff der Ex-Kriminaler zufrieden die Melodie, die einen bis dahin unbekannten Zitherspieler namens Anton Karas in Max´ Jugendjahren weltberühmt gemacht hatte: das Lied vom Dritten Mann.

„You never know, that you would be
Enchanted by a melodie
The years will never drive it out

You don´t know why …“, hieß es da. „The years will never drive it out, Sykora“, murmelte Max in seinen Bart hinein, während er in sein Auto stieg. „Und du weißt zwar why wir mit dir abrechnen werden, aber du weißt nicht how.“

Zufrieden weiterpfeifend machte sich Max auf den Weg ins Bräustüberl und bestellte sich eine Halbe Bier, obwohl es erst später Vormittag war. Auf dem Heimweg verspeiste Max ein Zöpfl mit warmem Leberkäs. Heute hatte Eva ihren langen Unterrichtstag, da musste Max sich selbst verpflegen. Daheim legte sich Max zu einem Mittagschläfchen hin. Er las noch ein paar Zeilen im Bayerwaldboten, bevor er die Zeitung weglegte und einschlief.

Kapitel 28: Idas Hilferuf

„Du, Max!“

Max schüttelte sich im Halbschlaf. „Ist es schon…? Bist du schon von der Schule daheim?“

„Bin grad erst heimgekommen. Das Seminar mit den Wolfauslassern geht jetzt in die heiße Phase. Wir befassen uns mit der Lebensweise der Waldhirten, mit ihrem Alltag, sogar mit dem, was sie gegessen haben. Und es macht meinen Schülern sehr viel Spaß.“

„Ist ja super, Eva, dann wirst du ja direkt zu einer Expertin.“

„Wolltest du nicht wieder einmal Sterz mit Kraut zum Essen?“

Bei dem Gedanken an Sterz mit Kraut schoss Max Esterl sofort das Wasser im Mund zusammen. Das einfache Erdäpfelgericht nahm in Esterls ellenlanger Leibspeisenliste einen der ganz vorderen Plätze ein.

„Ich hab´ gehört, der Sterz sei das Hauptessen der Hirten gewesen, die den ganzen Sommer auf den Schachten zugebracht und sich selbst verköstigt haben. Einfach zu kochen, nahrhaft, billig und…“.

„Gut“, schnitt Max seiner Frau das Wort ab. „Kruminale, da machst du mir aber heute eine Freude, Eva. Und woher hast du dein Wissen über die Hirten und ihr Leben? Zeitzeugen kannst du da kaum noch befragen.“

„Ich hab´s aus vielen alten Zeitungsartikeln und einem alten Büchlein von einer Frau namens Ingeborg Seyfert. Die war wohl einmal Heimatpflegerin oder sowas in Lindberg. Und zur Gemeinde Lindberg gehören die meisten der Schachten. Da hat die Seyfert offenbar tüchtig geforscht und befragt und dann hat sie vor über vierzig Jahren ihr Buch herausgegeben: *Die Schachten des Bayerischen Waldes* heißt es und es ist wirklich total interessant und informativ. Wusstest du zum Beispiel, dass es die Schachten schon vor dem 30-jährigen Krieg gab? Dass der Ruckowitzschachten am Falkenstein eine Zeitlang auch von Böhmen her mit Rindern beschickt wurde? Dass einer der Schachten sogar wie eine Alm betrieben wurde? Mit Käseherstellung!"

Max hatte das von der Alm schon in der Volksschule beim Lehrer Großkopf gelernt, aber er wollte der Eva die Freude lassen. Wo sie doch heute Sterz kochen würde.

„Aber, Max, ich hab´ kein Kraut mehr. Kannst du zwei Dosen vom Edeka holen? Champagnerkraut muss es sein. Oder willst du den Sterz mit Apfelmus? Von dem hab´ ich genug in der Speis."

Max wollte natürlich die kräftige Sterzvariante und so machte er sich auf zum Edeka.

Dort schlenderte er mit seinem Einkaufswagerl voll konzentriert suchend die Supermarktgassen entlang.

„Sauerkraut, Sauerkraut?" Da waren die Essiggurken, dort der Mais, die Erbsen, ah, hier: Sauerkraut in allen Variationen. Während der Ex-Kommissar vor dem Regal stand und ständig *Champagnerkraut* flüsternd die Etiketten der Dosen las, merkte er fast nicht, wie von hinten eine Frau auf ihn zutrat und sich räusperte.

Esterls Blick fiel auf Ida Rindl, die ebenfalls einkaufen war.

„Herr Esterl, gut, dass ich sie treffe. Haben´s einen Moment Zeit? Ich muss unbedingt mit ihnen sprechen. Aber nicht da herin."

Ida bat Max Esterl, sich am Parkplatz zu ihr ins Auto zu setzen.

„Da hört uns niemand."

Max war gespannt, was die Frau Rindl ihm so Geheimes mittteilen wollte. Ida Rindl war eine einfache, nicht unsympathische Frau, die es mit ihrem Mann bestimmt nicht immer leicht gehabt hatte. Die Sorgenfalten hatten sich seit dem Tod ihrer Enkelin tief in ihre Stirn gegraben.

„Schon lang wollt´ ich mit ihnen sprechen, Herr Esterl. Sie sind doch Ludwigs Freund, vielleicht können sie ihm helfen. Er hat sich da seit dem Fund der Emma, seit ihrem, ihrem…".

Ida fiel es immer noch schwer, das Wort *Tod* im Zusammenhang mit ihrer Enkeltochter auszusprechen.

„Er hat sich da völlig verbissen und denkt nur noch an Rache. Ich will ja auch, dass die Verbrecher, die unsere Emma, unser Ein und Alles auf dem Gewissen haben, bestraft werden. Aber der Ludwig, der kann an nichts anderes mehr denken. Er ist ein ganz anderer Mensch geworden seitdem, er brütet vor sich hin, schmiedet Pläne, ölt seine Waffen. Er hat nichts als diese Scorpione und den Sykora im Kopf!"

Ida Rindl liefen jetzt Tränen über ihre Wangen. Wenn es nicht so traurig gewesen wäre, so dachte Max, dann hätte er lachen müssen über das, was die Frau Rindl da eben gesagt hatte: Ihr Mann hatte Scorpione und eine Meise im Kopf!

„Ich hab ja nur noch ihn, jetzt nach dem Tod von unserer Emma. Unsere Tochter, die Mutter von der Emma, die geht uns schon seit Jahren nicht mehr ins Haus. Sie und der Ludwig sind total zerstritten. Herr Esterl, helfen sie, der Ludwig bringt den Mörder um, der veranstaltet ein Massaker. Eigentlich ist das ja auch richtig, sonst kommt der Sauhund schon wieder davon, aber was dann? Dann sperren sie ihn ein, die Tschechen, und ich hab niemanden mehr, und für den Ludwig ist das der Tod. Er in am tschechischen Gefängnis. Wo er doch des tschechische Essen nicht vertragt. Immer, wenn wir in Železná Ruda böhmische Knödel und Entenbraten gegessen haben, hat er Sodbrennen gekriegt, der Ludwig. Immer. Des bringt ihn um!"

„Wenn ich ihnen und dem Ludwig helfen soll, Frau Rindl, dann müssen sie mich aber auch auf dem Laufenden halten, darüber was der Ludwig so vorhat, und wenn´s brennt, wenn sein Rachefeldzug wirklich beginnt, dann müssen´s mich alarmieren."

„Freilich werd ich sie alarmieren, Herr Esterl. Die anderen, die von der Polizei, die können ja da gar nichts tun, denen sind ja die Hände gebunden, das hat der Ludwig auch gesagt. Wenn er keine Drohungen ausstößt oder so, dann kann ihn keiner aufhalten, hat er gesagt. Mein Mann ist nicht dumm, aber er verrennt sich da. Sie sind der Einzige, der helfen kann."

„Da hamm´s meine Telefon- und meine Handynummer. Rufen´s an, wenn´s brennt. Zu jeder Tages- und Nachtzeit!"

Kapitel 29: Besuch von Josef Holub

Max Esterl saß gerade mit Eva beim Abendessen am Küchentisch. Sterz mit Kraut war zwar eigentlich für einen älteren Herrn nichts mehr nach Sonnenuntergang, aber hin und wieder eine winzige Portion, so meinte Max, die konnte nicht schaden. Rein vegetarische Kost, wenn man von den zwei kleinen Scheiben Wammerl absah, die Eva noch ins Kraut gegeben hatte. Zufrieden schob sich Max abwechselnd zwei Gabeln Sterz und eine Gabel Sauerkraut in den Mund, dazwischen verputzte er die Wammerlscheibchen und spülte ab und zu mit einem Schluck Bier nach.

Eva aß einen einzigen Löffel Sterz, dazu einen Apfel und eine Scheibe Vollkornbrot, mehr wollte sie ihrer Verdauung am Abend nicht zumuten. Das Gespräch der beiden Eheleute drehte sich, wie so oft in der letzten Zeit, um die am Großen Arber dank der Schneekanonen immer noch guten Schneeverhältnisse. Einen Winter wie diesen hatte der Bayerische Wald seit der Schneekatastrophe Anfang der Zweitausender Jahre nicht mehr erlebt.

„Viel besser war es heuer, als damals, bei der Schneekatastrophe. Damals hat im Januar noch nichts darauf hingedeutet, dass ein besonderer Winter bevorstand. Weißt du noch, wie wir damals kurz nach Weihnachten für ein Skiwochenende von München nach Zwiesel gefahren sind? Wie wir enttäuscht waren, weil das Skifahren nur am Arber ging und das Langlaufen nur am Bretterschachten."

„Genau", nahm Eva die Gedanken ihres Mannes auf. „Und dann hat es im Februar zu schneien begonnen und wir sind mitten in die Schneekatastrophe geschlittert. Das war ein Skiurlaub für uns Münchner in Zwiesel, den ich mein Lebtag nicht vergessen werde. Tag für Tag hat es ohne Unterlass geschneit. Keine zehn Minuten Pause hat der Schneefall damals gemacht. Überall ist Tag und Nacht Schnee geschaufelt worden, die Dächer hat es eingedrückt, wenn man sie nicht von der Schneelast befreit hat, alle Straßen wurden eng und enger und waren schließlich nur noch Einbahnstraßen. An Skifahren war eigentlich nicht mehr zu denken, die Menschen hatten auch ganz andere Probleme: Tagelang war es halbdunkel, das Leben ist fast erstorben. Wenn damals nicht Hilfstrupps aus ganz Bayern angerückt wären, dann wäre wohl alles zum Erliegen gekommen."

„Nicht alles ist zum Erliegen gekommen, Eva. Erinnerst du dich noch an unseren kuscheligen Saunaabend im Hotel? Und was danach war?"

„Das sah dir gleich, Max. Die Menschen im tiefen Böhmerwald erlebten die größte Katastrophe seit Menschengedenken und du hast natürlich nur an das Eine gedacht." Eva machte eine Pause. „Aber schön war es doch! Draußen der Sturm, der an den Fensterläden gerüttelt hat, die Eiszapfen, die von der Dachrinne direkt auf unseren Hotelbalkon herunterhingen, alles war so still draußen, wie in Watte verpackt. Und drinnen wir. Nur wir zwei." Evas Mund entrang sich ein Seufzer.

Das Klingeln der Hausglocke unterbrach die geradezu weihevolle Stimmung am Esstisch der Esterln.

Fragende Blicke. Wer mochte das sein?

„Bitte geh du, Max!“

Gehorsam machte sich Max auf den Weg in den Hausgang. Die Stimme, die Eva von draußen hörte, kam ihr sehr bekannt vor:

„Griß dich Maxe, schen dass zu Hausä bist, kann ichs reinschauän zu eich, muss mit dichs rädän. Is Ewa auch da?“

Das Deutsch ihres Freundes Pepi Holub, so stellte die Deutschlehrerin Eva Esterl fest, hatte sich in dem Jahr, das sie sich nicht mehr gesehen hatten, nicht unbedingt verbessert. Aber: Erstens sprach Pepi Deutsch immer noch zu hundert Prozent besser, als sie, Eva, Tschechisch, und zweitens freute sie sich, Polizeioberst Pepi Holub, dem Charmeur alter Schule, wieder einmal zu begegnen.

Ein angedeuteter Handkuss, eine Umarmung, bei der Pepi wie selbstverständlich Eva an den Hintern griff, dann ein Blumenstrauß: Es war, als wäre keine Zeit seit ihrer letzten Begegnung vergangen.

„Na, Pepi, was führt dich zu uns? Worüber willst reden?“

„Hab nicht viel Zeit, Maxe“, begann der tschechische Freund, während Eva in den Keller ging, um für Pepi das Bier zu holen, das er immer verlangte, wenn er in Zwiesel war: Ein Dampfbier von der hiesigen

Kleinbrauerei. „Muss zu Irmi nach Železná Ruda. Happy hauer. Weißt schon."

„Ach ja, heute ist Donnerstag, hast noch immer deinen jour fixe da im Bordell, Pepi. Alter Lustmolch!"

„Was bin ichs? Was is Lustmolch? Is schlächt?"

Da waren sie wieder, die Verständigungsprobleme.

„Nein Pepi, Lustmolch ist für ältere Männer wie dich ein Ehrentitel, das heißt soviel wie Potenzbrocken. Verstehst?"

„No, Potenz is noch gut, ano, abr nur noch allä vierzehn Tagä. Keinä Zeit. Sacra Prace, wos bedeität Scheißarbeit!"

Max lachte laut. „Mit dir, Pepi, ist immer was los. Aber, du wolltest doch mit mir reden, Pepi, schieß los!"

„No, schießän werd ichs gleich nicht, aber kann auch noch kommän zu schießän."

Pepi nahm das Dampfbier, das ihm Eva hingestellt hatte, ließ den Bügelverschluss laut schnalzen und schenkte sich ein.

Dann begann er zu erzählen.

Eigentlich sei er durch die Irmi vom Roten Herz alarmiert worden, die habe ihn immer wieder gebeten, doch ein Auge auf das neue Bordell in Železná Ruda, das *Scorpions* zu werfen. Dort würden die Frauen ganz schlimm behandelt und die Methoden der Bordellbetreiber seien noch brutaler als in diesem eh schon nicht ganz sanften Gewerbe üblich. In Tschechien gebe das Gesetz nicht viel Spielraum gegen solche Auswüchse, aber er, Pepi habe das *Scorpions* beobachten lassen und er habe, auf seinen ganz besonderen Wegen, Informationen eingeholt. Über das Bordell und über dessen Betreiber, die personifizierten Scorpions.

„Scorpions. Kommän aus Zwiesäl." Pepi machte eine wegwerfende aber gleichzeitig auch anerkennende Handbewegung.

„Großä Kalibr fir kleinä Stadt. Wir habäns Information, dass Scorpions nicht nur vrkaufän Liebä. Vrkaufän auch Drogän."

Max nickte zustimmend. Das hatte die Irmi schon alles angedeutet.

„Und schmuggäln Waffän. Tschechische Waffän, Produktion Scorpion. Habän ganz Waffänlagr bei Bordäll."

Max nickte noch einmal. So hatte er sich das auch vorgestellt, nach allem, was er inzwischen von den Scorpions gesehen und über sie erfahren hatte.

Jetzt aber nahmen Pepis Augen einen triumphierenden Ausdruck an und er grinste breit über sein ganzes Gesicht.

„Und was habän noch bei die Scorpions, Maxe? Was glaubs?"

Max wusste keine Antwort.

„Was glaubs, Maxe?"

Schweigen.

„Habens klein Vogäl. Schän klein Vogel. Auf Deitsch heißt...M E I S Ä!"

„Meise? Meise? SYKORA! Jetzt reimt sich alles zusammen!", brüllte Max ganz aufgeregt. „Jetzt bin ich mir sicher, dass das bei der Karo der Sykora war. Der trat sich was, Kruminale! Der Sykora ist also wieder im Land. Und so zum Greifen nahe. Ich dachte schon, der sei über alle Berge, aber die Hinweise auf ihn sind in der letzten Zeit immer deutlicher geworden.“ Max erzählte dem Freund von seiner Begegnung am Osser und von den Videoaufnahmen der Karo.

„Ich hab´s nur nicht glauben wollen, glauben können, dass das der Sykora ist. Jetzt ist er aber dran, Kruminale, jetzt schnappen wir ihn uns, den Hund…“.

Max hatte sich direkt in Rage geredet, bis er spürte, dass sich eine Hand auf seine Schultern legte und er Evas Stimme hörte:

„Der Oberst Josef Holub schnappt ihn sich, nicht du, der pen s i o nierte Beamte Max Esterl. Das hier ist eine Nummer zu groß für dich, Max. Hast du es noch immer nicht kapiert? Genieße deine Pension und lass die Arbeit die Profis machen.“

Max wollte schon klein bei- und Eva rechtgeben, da räusperte sich Oberst Pepi Holub.

„Liebä Ewa, gäährtä Frau Esterl! Gästattän sie, dass ich im Namän dr tschechischän Polizei ihren Gattän bittä, uns nächste Wochä bei einär Razzia zu begleiten. Keinä Angst“, schob Pepi nach, als er bemerkte, wie sich in Evas Gesicht Zornesfalten zu bilden begannen. „Keinä Angst. Max soll nur als Beobachtr helfän. Er kennt den Sykora, hat mit ihm schon gäsprochän, er kann ihn sofort identifizierän.“

An Eva gewandt fügte Pepi noch hinzu: „Irmi kennt Sykora natirlich noch bessr, kennte noch anderä Teilä von sein Kerpr identifizierän als Max, abr Irmi gäht nicht. Ist gäfangän."

„B e fangen meinst, Pepi."

„Ist bäfangän. Richtig. Also, Frau Esterl", wandte sich Pepi mit seinem charmantesten Augenaufschlag an Eva. „Darf Max helfän in internationalä Konflikt. Ohne Risiko. In gäpanzert Polizeilimusinä. Hundertschaft Reitr hintr sich. Tschechischä Flugzeigträgr nebän sich. Atomrakätän. Kein Risiko. Garantiert!"

Pepi übertrieb so maßlos und untermalte seine Worte mit so bombastischen Gesten, dass alle drei lachen mussten.

„Meinetwegen. Aber es ist das letzte Mal. Das garantiere *ich* jetzt!"

Kapitel 30: Razzia in Železná Ruda

Von allen großspurigen Versprechungen, die der Holub der Eva Esterl gegenüber vorige Woche abgegeben hatte, hatte sich nur eine erfüllt: Der Ex-Kriminaler Max Esterl saß in einem gepanzerten Wagen der tschechischen Polizei neben Oberst Josef Holub. Mit ihm warteten etwa 25 Polizisten in drei Einsatzwägen darauf, dass es los ging. Noch mitten in der Nacht war Max Esterl am Bahnhofsparkplatz in Eisenstein abgeholt worden, wohin er von Zwiesel aus mit seinem Auto gefahren war.

Jetzt war es kurz vor Morgengrauen, hier in Eisenstein lagen letzte Schneereste an den Straßenrändern, es war stockfinster, vom Anbruch des Tages war noch nichts zu sehen. Holub hatte seinen Kameraden vorher kurz instruiert: Er habe keine Aufgabe, außer zu beobachten und er solle vor Ort sein, wenn es gelang, den Sykora oder auch diejenigen von den Scorpions festzunehmen, die er kannte, um sie gleich zu identifizieren. Die Razzia, so erklärte Pepi, sei so angelegt, wie eine *normale* Bordelldurchsuchung. Niemand wisse, dass man eigentlich nach dem Sykora suche, um ihn, falls man ihn nicht erwische, nicht sofort zur Flucht aus dem Land zu veranlassen.

„Vogäl ist schlau!“, sagte Pepi. „Wenn ausgeflogän und wir fangän nicht, dann soll er denkän, Razzia wars allgämein, nix wägän ihm. Sonst ist Vogäl wäg und kommt nie wiedr.“

Max verstand. Bei der Razzia würden die tschechischen Kollegen ganz sicher einige üble Sachen aufdecken, die die Aktion rechtfertigten. Wenn sie den Sykora erwischten, dann war natürlich alles paletti, wenn er ihnen wieder entwischte, dann war er wenigstens nicht zu sehr gewarnt und sie mussten es eben nochmals versuchen, ihn woanders dingfest zu machen.

Das Scorpions lag auf der Straße zwischen dem Grenzbahnhof und Železná Ruda in Alleinlage, das erleichterte natürlich die Sache für Pepis Truppen. Mit ausgeschalteten Scheinwerfern bewegte sich der Konvoi auf der schmalen Straße. Da-das Hinweisschild mit dem roten Skorpion: *Für Gentlemen. Tag und Nacht geöffnet. Tolle Frauen! Noch 200 Mtr.*

Der erste der Mannschaftswagen fuhr am Haus vorbei und stoppte kurz dahinter, der zweite hielt auf der dem bordelleigenen Parkplatz gegenüberliegenden Straßenseite und der dritte hielt etwa zwanzig Meter vor dem Puff.

Aus dem Autofenster sah Esterl, wie als erstes ein Polizist in Zivil ausstieg und, wie ein harmloser Fußgänger auf den Parkplatz des Bordells ging. Esterl rätselte noch, was das bedeuten sollte, da sah er, wie der *Fußgänger* mit einer schnellen Bewegung eine Leitung kappte und sich dann wieder entfernte.

„Übrwachungskamera", erklärte Holub, sich zu seinem Freund auf dem Rücksitz nach hinten wendend.

Dann öffneten sich die Türen der drei Kleinbusse und entließen jeweils acht schwarzgekleidete, schwerbewaffnete, mit Helmen und kugelsicheren Westen geschützte Polizisten. Diese verteilten sich auf die zwei

Eingänge, einige von ihnen nahmen Stellung ein unter den wenigen Fenstern des Etablissements, auch die der Staße abgewandte Seite wurde natürlich überwacht.

Nur über dem Haupteingang funzelte eine rote Laterne, sonst war nichts zu sehen, außer zwei schwach beleuchteten Fenstern im Obergeschoß.

Nachdem alle ihre Positionen eingenommen hatten, stiegen Pepi und sein Fahrer aus dem gepanzerten Dienstwagen, er rief etwas in sein Headphone, das bestimmt *Zugriff* bedeutete, und danach spielte sich das Szenario ab, das Max von unzähligen Einsätzen aus seiner Dienstzeit in München noch sehr bekannt war:

Zwei trockene Detonationen, die Türen waren gesprengt worden. Dann flammten Scheinwerfer auf und tauchten das ganze Gebäude in ihr gleißendes Licht, während der größte Teil der Mannschaft geisterhaft schnell in das Haus eindrang. Auf der Seite des Hauses, die Max einsehen konnte, blieben zwei der Schwarzgekleideten zurück, um zu sichern und zu kontrollieren, dass keiner durch ein Fenster oder über das Dach abhaute.

Dann konnte Max Esterl das Vordringen der Truppe an den Lichtern erkennen, die nach und nach die Fenster erhellten. Während die Speerspitze der schwarzen Elitetruppe offensichtlich ganz oben angelangt war, kamen bei der Tür unten schon die ersten Hausbewohner und deren Gäste heraus. Halbnackte Gestalten wurden mehr gestoßen als dass sie gingen und sofort in einen Transporter verfrachtet, den Max überhaupt nicht bemerkt hatte. Oder war der eben erst angekommen? Max zwang sich, seine Blicke von den Festgenommenen abzuwenden, von denen einer ihn schwer an einen bekannten Zwieseler Bürger erinnerte. Er fixierte wieder das Haus und die sich dort abspielenden Szenen.

Da! War da nicht eine Bewegung an einem Kellerschacht, der sich etwas abseits vom Hauptgeschehen und auch außerhalb der Lichtkegel der Scheinwerfer befand? Warum reagierten die Wachen nicht? Max presste die Nase an die Autofensterscheibe. Viel konnte er nicht erkennen, da seine Augen von der Helligkeit der Scheinwerfer geblendet waren, aber er sah deutlich von seiner Aussichtsposition im gepanzerten Hochsicherheitswagen, dass irgendetwas am Sockel des Hauses sich bewegte, dass da ein Mensch aus dem Schacht kroch.

Max war allein im Polizeiwagen. Er hatte auch keine Funkverbindung zu irgendjemandem. Natürlich hatte er Eva versprochen, sich keinesfalls einzumischen, aber das hier, das war etwas Anderes. Das hier war ein Notfall, der schnelles und entschlossenes Handeln erforderte. Der Flüchtende war inzwischen schon mit dem Oberkörper aus dem Schacht heraus, keiner hatte ihn gegen das blendende Licht gesehen!

„Verzeih mir Eva!", stieß der Ex-Kommissar hervor und langte an den Türgriff. Der Flüchtende lief inzwischen geduckt die Hausmauer entlang. Zog er nicht den einen Fuß hintennach? Sykora!!!

Entschlossen drückte Max den Griff, wollte mit einer einzigen Bewegung die Tür öffnen und mit aller

Gewalt blitzschnell nach außen stürmen, doch er stieß mit seinem Kopf so knallhart von Innen an die gepanzerte Seitenscheibe, dass er aufschrie und sofort total benommen war. Sternderl tanzten vor seinen Augen, er sah plötzlich alles doppelt, aber ein Zorn packte ihn, ein fürchterlicher, ein heftigster Zorn.

„Welches Rindviech hat denn da die Kindersicherung eingeschaltet? Ihr Idioten!"

Bis Max sich über die Sitzlehnen hinweg auf den Vordersitz quälte und aussteigen konnte, war das flüchtende Phantom natürlich verschwunden. Max hatte die eine Hand am Binkel, der sich rasch auf seiner Stirn bildete, mit der anderen hielt er sich am Türrahmen fest, um nicht zu stürzen. Schließlich ließ er sich bei geöffneter Tür schwer auf den Fahrersitz fallen und sah *anderen* Phantomen nach, die als Sternchen hinter seinen Augen umherschwirrten. So fand ihn Pepi Holub zehn Minuten später vor, als er die Aktion vorerst für beendet erklärt hatte und zu seinem Einsatzwagen zurückgekehrt war. Während Pepi seinen Freund mit Informationen förmlich überschüttete, war Max so einsilbig, dass es selbst dem noch unter Strom stehenden Oberst auffiel.

„No, wos is, Maxe? Den Sykora habän wir nicht, aber sonst sind wir sichs sehr zufriedän."

Pepis Blick fiel auf die riesige Beule, die inzwischen die Stirn des Deutschen zierte. Pepi konnte sich noch zu Max herunterbeugen und den Binkel begutachten, er konnte noch „Jeschuschmaria, Maxe, wos is mit dich?" rufen, dann aber war er damit beschäftigt, sich die Wurstsalatbrocken und Zwiebelschnittchen von Esterls Abendessen von seiner schwarzen Uniform zu wischen.

„Mir is so schlecht. Scheiß Panzertür!“, waren die letzten Worte, die Max an diesem frühen Morgen von sich gab.

Immerhin ließ Oberst Holub ihn nach Deutschland, nach Zwiesel ins Krankenhaus bringen, wo man eine gehörige Gehirnerschütterung diagnostizierte und drei Tage stationären Aufenthalt empfahl. Eva machte ihrem Gatten und vor allem Pepi natürlich die größten Vorwürfe.

„Keinä Angst“, äffte sie den tschechischen Akzent des Freundes nach, „keinä Angst, gäährtä Frau Ästerl. Ihr Gatte ist ja nur Beobachtär! Wie genau muss man denn beobachtän, um eine Gehirnerschütterung zu kriegen? Den Pepi wenn ich zu sehen bekomme, dem werd ich was erzählen, der kann sich auf etwas gefasst machen!“

„Der Pepi kann da nichts dafür“, versuchte Max seinen Freund zu verteidigen. „Das waren die widrigen Umstände.“

„Widrige Umstände haben dich also K.o. geschlagen, Max Esterl. Wenn du nicht in der Lage bist, diesen widrigen Umständen zu widerstehen, dann muss ich eben dafür sorgen.“

Max schloss die Augen. Zu Widerstand war er in seinem Zustand nicht in der Lage.

„Hast ja recht“, murmelte er. Und er spürte gleich darauf den warmen Druck von Evas Händen auf seiner Wange.

„Ich will halt nicht, dass dir was passiert, Max. Ich möchte die schöne Zeit mit dir noch länger genießen."

Max Esterl ging es gleich viel besser und er fiel in einen leichten Schlummer.

Nach dem Abendessen, das dem Patienten schon wieder einigermaßen schmeckte, kam Pepi Holub zu Besuch ins Krankenhaus. Feierlich überreichte der Oberst, der natürlich in Zivil gekommen war, seinem Freund eine Riesenflasche Becherovka. Er stellte Max die westböhmische Tapferkeitsmedaille in Aussicht und bedauerte, dass dieser seinen heldenhaften Kampf mit einer Panzerglasscheibe nicht gewonnen hatte, nicht gewinnen konnte. Die Sicherung sei eigentlich nur zu seinem, zu Esterls Schutz so eingestellt gewesen, die Tür sei weder von innen noch von außen zu öffnen gewesen.

„Jätzt abr Schluss mit Spass. Razzia war groß Erfolg. Zwei Scorpionä vrhaftet, drei Prostituiertä ohne Genähmigung, vielä Drogän und Waffän gefundän. Scorpionä gäschnappt, abr anderäs Tierchen war nicht da: Sykora was ist Meise war nicht zu findän."

„Wenn euer verdammtes Panzerglas nicht gewesen wäre, dann hätten wir den Sykora vielleicht schon in Haft."

Max schilderte dem Freund noch einmal genau, wie der Flüchtende das Bordell durch den Kellerschacht verlassen hatte und warum er glaube, dass dies der Sykora gewesen sei. Und wie es dann zu seinem heftigen Zusammenstoß mit dem Panzerglas gekommen war.

„Kurva! Kurva! Abr du kannst nix dafir, Maxe. Bist altr Mann!“

Der eine von den Scorpions sage überhaupt nichts, so berichtete Pepi weiter, der andere fange langsam an zu gestehen. Sein bürgerlicher Name sei Georg Gigl, genannt werde er aber Tschortsch.

„Aha, der Tschortsch. Den kenn ich. Und-was gesteht er?“

„Tschortsch gestäht vieläs. Erst hat so getan wie stark Mann. Hat dann bald gesungän. Sind abr nur Kleinigkeitän. Rechtsanwalt von Tschortsch war schon da. Wird bald frei sein, kennän ihn nicht lange festhalten. Und mit Mord an Rangerin von Nationalpark will ibrhaupt nix zu tun habän. Leignet alles. Er hat gesagt, das lasst er sich nicht anhängen! Auf keinen Fall.“

„Und, was macht ihr jetzt?“

„No, was bleibt ibrig? Weitr nach Meisä suchän. Sykora ist gewarnt, abr nix zu sähr. Vielleicht hilft Glick.“

Das Glück aber half nicht. Nicht in den nächsten Wochen zumindest. Im Gegenteil: Die beiden Scorpions kamen wieder frei und trieben weiter ihre Spielchen, bretterten mit ihren Maschinen durch die Gegend, als ob nichts gewesen wäre.

Dazu kam noch, dass irgendwie durchsickerte, dass die Razzia vor allem dem Sykora gegolten hatte und dass der Sykora mit dem Tod der Emma in Verbindung gebracht wurde.

Selbst der sonst so optimistische Max Esterl konnte nicht mehr daran glauben, dass der Sykora jemals zur Verantwortung gezogen würde. Auch an der ehrgeizigen Anke Brandt nagte der Zweifel.

Kapitel 31: Ein anderer Vogel zwitschert ...

Ludwig Rindl wurde von Woche zu Woche aggressiver. Er hatte durch seine alten Verbindungen viele Insiderinformationen und war somit immer auf dem Laufenden. Seine Schmähungen des Polizeiapparats und seine Drohungen, die Sache selber in die Hand nehmen zu müssen, wurden immer schlimmer. Fast täglich, so berichtete Rindls Frau Ida dem Max, telefonierte er mit Vaclav Rankl und schmiedete grausame Rachepläne mit ihm. „Wenn die beiden diesen tschechischen Mörder, diesen Sykora finden, dann ist es aus mit ihm. Und mit dem Ludwig. Der bringt den Sykora um und dann muss er in das tschechische Gefängnis. Man weiß ja, wie es dort zugeht. Und das böhmische Essen verträgt er doch auch nicht, mein Ludwig. Der Vaclav, der Wenzel ist ein guter Kerl. Der erzählt immer, wie sehr er die Emma geliebt hat. Und jetzt reißt ihn der Ludwig in so eine schlimme Sache rein. Eine Tragödie ist das, Herr Esterl. Und nur sie können das verhindern. Nur sie! Ich bin schon ganz auseinander."

***

Die Ida wäre noch mehr auseinander gewesen, wenn sie das Telefongespräch mitgehört hätte, das Vaclav Rankl, Angestellter des Nationalparks Šumava, am nächsten Abend führte:

„Servus, Vašku!"

„Ahoj."

„Vašku, určitě mě znáš ještě z lesnické školy. Já jsem Pavel."

„Ovšem, Pavle, pamatuji si Tě dobře." Pauza. „Proč voláš, Pavle?" Už je to dávno, co jsme se viděli."

„No jo, Vašku, slyšel jsem, co se Ti stalo. To s tou Tvou německou přítelkyní. Je mi to líto."

„Děkuji, Pavle, to je pěkné od Tebe, že mi kvůli tomu extra voláš."

„Ehm, Vašku, eh, je tu ještě jeden důvod, proč Tě volám, úplně jiný."

„A jaký?"

„Ty přece hledáš vraha Tvé přítelkyně, nebo ne?"

„Ano, samozřejmě, Pavle, ale proč se ptáš?"

„Myslím, že vím, kde se zdržuje."

„Sýkora?" vyklouzlo Václavovi. „Ty blázníš, Pavle!"

„Neříkej to, Vašku. Jsem si dokonce úplně jistý, kde je."

„Proč to říkáš mně a ne policii, Pavle? V čem je háček?"

„Vašku, říkám to Tobě, jen Tobě, ale Ty mně musíš odpřísáhnout, že o mně nebudeš nikomu vyprávět. Slyšíš? Nikomu! Sýkora mě zabije, když se to dozví. A policie to také nemusí vědět., Vašku."

„V tom bude asi ten háček, Pavle. Ty to přeci neděláš ze starého přátelství ke mně, tak dobře jsme se ani tenkrát neznali."

Pavel přemýšlel nějaký čas. Vašek uslyšel silné nadechnutí, pak přišlo vysvětlení:

„Jednou jsem si vzal od Sýkory peníze za to, že dohodím jedné němce chatu uprostřed lesa u Hamrů. Já jsem tam revírník a mohl jsem rozhodovat o přidělení. Toho jsem těžce litoval, neboť on má dokumenty o mém

pochybení a od té doby mě vydírá, svině. Nechci přijít o svou práci. Jsem ženatý a mám dvě děti. Ale on mě má v hrsti. A proto bych dal všechno za to, abych se zbavil této částky. S Tvojí pomocí by to mohlo klapnout, Vašku. Tobě to mohu říci, ale ne policii. Sýkora žije již nějakou dobu tam v té chatě. Ale to nemáš ode mě, Vašku,"

Weil der Autor vermutet, dass nicht alle seiner Leser das Tschechische beherrschen, hat er hier eine Übersetzung eingefügt:

„Servus, Vašek!"

„Ahoj."

„Du kennst mich sicher noch, Vašek, von der Forstschule her. Ich bin´s, der Pavel."

„Freilich, Pavel, ich kann mich noch gut an dich erinnern." Pause. „Warum rufst du an, Pavel? Ist schon lang her, dass wir uns gesehen haben."

„Naja, Vašek, ich hab´ gehört, was dir passiert ist. Das mit deiner deutschen Freundin. Tut mir leid für dich."

„Danke, Pavel, schön von dir, dass du mich deswegen extra anrufst."

„Ähm, Vašek, äh, da gibt es noch einen Grund, warum ich dich anrufe, einen ganz anderen."

„Und der wäre?"

„Du suchst doch nach dem Mörder von deiner Freundin, oder?"

„Ja, natürlich, Pavel, aber warum fragst du das?"

„Ich glaube, ich weiß, wo der sich aufhält."

„Der Sykora?“ entrutschte es dem Vaclav. „Du spinnst, Pavel!“

„Sag das nicht, Vašek. Ich bin mir sogar ganz sicher, wo er ist.“

„Warum sagst du das mir und nicht der Polizei, Pavel? Wo ist hier der Haken?“

„Vašek, ich sag´s dir, nur dir, aber du musst mir schwören, dass du niemandem von mir erzählst. Hörst du? Niemandem! Der Sykora wenn das erfährt, der bringt mich um. Und die Polizei braucht das auch nicht zu wissen, Vašek.“

„Da ist doch ein Haken dabei, Pavel. Das machst du doch nicht aus alter Freundschaft zu mir, so gut haben wir uns damals auch nicht gekannt.“

Pavel überlegte einige Zeit. Vašek hörte ein scharfes Einatmen, dann kam die Erklärung:

„Ich habe von dem Sykora einmal Geld dafür genommen, dass ich einer Deutschen eine Chata mitten im Wald bei Hamry zugeschanzt habe. Ich bin der Revierförster dort und konnte über den Zuschlag entscheiden. Das habe ich schwer bereut, denn er hat Belege für meinen Fehler und seitdem erpresst mich das Schwein. Ich will nicht meinen Job verlieren. Ich bin verheiratet und hab´ zwei Kinder. Aber er hat mich in der Hand. Und deshalb würde ich alles dafür geben, dass ich diese Ratte los werde. Mit deiner Hilfe könnte das klappen, Vašek. Dir kann ich das sagen, aber nicht der Polizei. Der Sykora wohnt seit einiger Zeit dort in der Chata. Aber das hast du nicht von mir, Vašek.“

Vašek überlegte. Der Pavel war schon in der Forstschule berechnend und auf seinen Vorteil aus gewesen. Andererseits: Wenn er und Ludwig die Sache nicht selber in die Hand nahmen, dann wurde nichts daraus und der Sykora würde wieder einmal ungeschoren davonkommen. Das hatte sein inzwischen fast väterlicher Freund Ludwig Rindl schon so oft zu ihm gesagt. Und der Ludwig war schließlich Polizeichef gewesen. Der kannte sich aus!

„Střílej, Pavle, kde můžeme Sýkoru vyřídit?"

„Vysvětlím Ti hned, jak se tam dostaneš. Ale to nemáš ode mne. Čestné slovo?"

„Čestné slovo, Pavle! A: Děkuji za informaci."

„Schieß los, Pavel, wo können wir den Sykora erledigen?"

„Ich erkläre dir gleich, wie du dort hinkommst. Aber das hast du nicht von mir. Ehrenwort?"

„Ehrenwort, Pavel! Und: Danke für die Information."

Kapitel 32: Schelln sticht, Scorpion auch

Heute war Schafkopfabend im Bräustüberl, wie alle paar Wochen. Der heutige Termin hatte Max einerseits gut gepasst, weil seine Frau Eva, die Gymnasiallehrerin, mit Anke Brandt zu einem literarischen Vortrag in die Aula des Gymnasiums gegangen war. Andererseits war Max wieder ein wenig traurig darüber, denn das Thema des Vortrags, den er durch das Kartenspielen versäumte, war der Böhmerwaldschriftsteller Karl Klostermann gewesen, Esterls Lieblingsautor. Und dann fand der Vortrag noch dazu in der Aula des Gymnasiums statt. Max Esterl wäre gern dorthin gegangen, um ein großes Schild mitzuführen, auf dem gestanden hätte:

„Klostermannfreunde fordern
KKG=Karl Klostermann Gymnasium in Zwiesel“.

Immer wieder war Max Esterl seiner Frau in den Ohren gelegen: „*Karl Klostermann-Gymnasium Zwiesel.* Das wäre doch die richtige Bezeichnung für euer *No-name-Gymnasium.* Das würde super zu euch passen und euch in Böhmen viele Türen öffnen. Red´ doch mal mit eurem Chef. Einen besseren Namen, der auch noch Bezug zu Zwiesel hat, findet ihr nicht. Der Klostermann ist ein ganz Großer der europäischen Literatur. Der gehört endlich hier in Bayern genauso gewürdigt wie in Böhmen. Zumal er sogar ein Werk geschrieben hat, das in und von Schloss Ludwigsthal und seinen Bewohnern handelt.“

Anke Brandt, die sich auch für den Klostermann zu interessieren begonnen hatte, war an Stelle ihres betrübten Kollegen Max mitgegangen, der sich am liebsten zweigeteilt hätte.

Aber da musste Max durch; seine Schafkopffreunde im Stich zu lassen, wäre für ihn nie in Frage gekommen. Eva sah das natürlich etwas anders. „Da haben wir mal eine hochkarätige Veranstaltung in unserem Städtchen, zu der sogar eine Professorin aus Budweis gekommen ist, und du musst Schafkopfen!“, stichelte sie noch am Nachmittag.

„Schafkopfen war vorher ausgemacht“, brummte Max missmutig, den die Gleichzeitigkeit zweier so wichtiger Termine ziemlich wurmte. „Basta!“

Max Esterl saß also gemütlich mit vier Freunden im Bräustüberl und hatte seinen kleinen Gewissenskonflikt schon nach wenigen Kartenrunden vergessen. Die Karten, die er heute hatte, waren ungewöhnlich gut, fast schon sensationell gut, und so war Max bester Laune, als er ankündigte: „Schelln sticht!“

Wäre Max Esterl statt bei einem Schellnsolo im Bräustüberl zu Hause gesessen oder hätte er auch nur sein Handy dabeigehabt, dann hätte er mitbekommen, was sich in der folgenden Stunde, während es draußen langsam zu dämmern begann, an drei verschiedenen Orten abspielte:

Nur 300 Meter vom Bräustüberl entfernt im Reihenhaus, das das Ehepaar Ludwig und Ida Rindl bewohnte,

drei Kilometer vom Bräustüberl entfernt auf dem Hof der Scorpions nahe Zwiesel und schließlich etwa 30 Kilometer Luftlinie nordöstlich tief drin im Böhmerwald bei einer abgelegenen Chata an der tschechischen Seite des Ossers.

So aber spielte Max ein Solo nach dem anderen. Bald quoll sein Geldschüsserl über. „A so a Glück wia da Max heit hat, des is scho fast übernatürlich", seufzten seine Schafkopffreunde und einer setzte hinzu: „Des wird sich schon noch wenden." Wie recht er hatte, zeigte sich bald.

Doch der Reihe nach:

Etwa zur gleichen Zeit, als Max sich im Bräustüberl die erste Halbe Fahnenschwingerbier bestellte, hatte Ida, die Großmutter der ermordeten Emma, beobachtet, wie ihr Mann Ludwig Rindl, ohne irgendetwas zu erklären, zu irgendeiner Expedition aufbrach. Er war ausgerüstet wie früher, als er noch hin und da zur Jagd gegangen war: Feste Schuhe, graugrüne, gefütterte Hose, dunkler Parka, unter dem Arm eine Decke und über der Schulter ein Gewehr. Nachdem er das Gewehr und die Decke im Kofferraum seines Autos verstaut hatte, ging Ludwig abermals zurück ins Haus und brachte noch einen weiteren Waffenkoffer, ein Fernglas und eine Kühlbox mit zum Auto. Auf ihre Fragen hörte Ida ein unwilliges Brummen. *Jetzt geht es ihm an den Kragen dem Sauhund, dem Sykora da drüben. Der Vašek hilft mir. Warte nicht mit dem Abendessen,* waren die einzigen Sätze, die Ida so ungefähr verstehen konnte.

Bis Ida richtig denken konnte und begriff, was dieser Aufbruch und diese Bewaffnung bedeuten könnten, war ihr Mann schon weggefahren. Ida überlegte noch einige Minuten, dann griff sie zum Telefon und rief die Nummer vom Max an. Der hatte ihr versprochen, zu helfen, wenn mit dem Ludwig etwas war. Vergeblich probierte die zunehmend hektischer werdende Ida, den Ex-Kriminaler Esterl zu erreichen: Ans Telefon ging keiner und das Handy vom Max was not busy. Tot! Nach wenigen Minuten probierte Ida es erneut: Ohne Erfolg.

***

Ihr Gatte Ludwig war inzwischen in Železná Ruda angelangt, wo er kurz hinter dem Kreisverkehr anhielt und eine Person ins Auto steigen ließ, die etliche Jahre jünger, aber ähnlich gekleidet war wie er und einen riesengroßen Rucksack im Kofferraum verstaut hatte. Die beiden reichten sich, als der Beifahrer schon saß, die Hand und begrüßten sich mit „Ahoj Ludwig!", „Servus, Vašek!"

Ludwig steuerte seinen Wagen Richtung Špičaksattel und Hamry. Zur selben Zeit spielte Max Esterl sein drittes, ein Grassolo und rief dem tschechischen Kellner Jiří zu, er solle ihm eine zweite Halbe Bier bringen.

Verzweifelt hatte Ida noch einmal versucht, den Esterl zu erreichen. Wieder nichts. Da fiel Emmas Großmutter ein, dass die freundliche Polizistin, Frau Brandt, die den Mord an ihrer Enkeltochter bearbeitete, ihr eine Handynummer zurückgelassen hatte, falls ihr noch etwas zum Mordfall einfiele. Die Frau Brandt konnte vielleicht helfen.

***

Ludwig und Vašek trafen bei der Chata ein, die der Förster Pavel seinem Kollegen Vašek verraten hatte, nachdem sich die Schatten des Großen Osser schon tief über das Angeltal gesenkt hatten. Es war dieselbe Chata, vor deren Tür Rudi Hasensperl und Max Esterl schon einmal so grob abgewiesen wurden. Ihren Wagen hatten sie nicht weit entfernt in einen Rückeweg gefahren, sodass er von dem Sträßchen her fast nicht einsehbar war, schon gar nicht in der Dunkelheit. Bevor sie im Wald verschwanden, überprüften die beiden sorgfältig, ob sie auch ihr ganzes Waffenarsenal in ihre Rucksäcke gepackt hatten.

Ab hier übernahm Vašek die Führung. Er hatte die Umgebung des Hauses schon vor einigen Tagen erkundet und wusste, wo die besten Plätze für die Vorbereitung eines Angriffs waren. Von der Anwesenheit ihres Todfeindes kündete ein SUV mit tschechischer Nummer, der hinter der Chata geparkt war.

So wollten die beiden vorgehen: Ihm erst Angst einjagen, möglichst viel Angst, Todesangst, der Mörder sollte ja leiden! Und dann später, viel, viel später angreifen und ihn zur Strecke bringen! So lautete der Plan des Duos. Dass der Gejagte aus nachvollziehbaren Gründen nicht die Polizei rufen würde, war ein fester Bestandteil ihres Plans. Ohne Hast bezogen die beiden Angreifer ihre Positionen.

Wenige Minuten später sah Ludwig das kurze Blinkern von Vaseks Lampe.

Los ging´s! Das peitschende Knallen seiner Schüsse vermischte sich mit dem trockenen Knattern von Vaclav Rankls Automatik. Scherben klirrten, Holz splitterte. Dann nichts mehr. Sie hörten nur noch das rasende Bellen eines Hundes. Nun würde er zittern, der feige Hammel. Ludwig konnte nicht lange in Rachegedanken schwelgen. Er musste aufpassen, dass der Sykora nicht einen Ausfall machte.

***

Durch die Fensterfront der Aula des Gymnasiums Zwiesel leuchteten die letzten Sonnenstrahlen des Tages. Der Vortrag über den großen tschechisch-deutschen Schriftsteller Karel Klostermann steuerte gerade auf seinen Kernpunkt zu: Die Professorin aus Budweis hatte beschrieben, wie sehr dem Dichter ein gut nachbarliches Verhältnis der beiden Völker Böhmens, der Tschechen und der Deutschen am Herzen gelegen hatte und wie gemein er deswegen angefeindet worden war und sie war dafür mit einem kräftigen Zwischenapplaus der kopfnickenden Zuhörer belohnt worden.

„So kann man", fuhr die Rednerin mit einem befriedigten Lächeln fort, „Karl oder Karel Klostermann als einen Apostel der Versöhnung bezeichnen, als einen, der immer dafür eintrat, dass die beiden Völker, die Tschechen und die Deutschen, einander respektierten. Vielleicht wäre die Geschichte anders verlaufen, wenn…"

Der Klingelton von einem Handy unterbrach den Vortrag. Laut und nervend! Alle Zuhörer drehten ihre Köpfe in Richtung des Tones. Der Klingelton von Ankes

Handy! *Böhmischer Traum* – schönste Blasmusik! Aber nicht gerade jetzt! Anke nestelte an ihrer Handtasche. Die Zuhörer in ihrer Nachbarschaft zeigten zwiespältige Reaktionen: Die einen grinsten schadenfroh, andere blickten Anke an, als ob sie die Handybesitzerin umbringen wollten. Anke lief rot an, kramte vergeblich in den Tiefen ihrer Tasche und verließ darauf fluchtartig die Aula, der *Böhmische Traum* begleitete sie bis ins Freie. Als sie die panische Stimme der Frau Rindl hörte, wusste Anke sofort, dass etwas Furchtbares passiert war.

***

Nicht nur bei Anke, auch bei den Scorpions klingelte das Telefon. Tschortsch, der den Hörer abnahm, glaubte seinen Ohren nicht zu trauen, als er die Stimme ihres tschechischen Waffenhändlers Sykora vernahm. Sie klang gepresst, hastig, im Hintergrund konnte Tschortsch Schüsse und Hundegebell hören.

„Wir kommen, wir kommen sofort, kannst dich auf uns verlassen, Sykora, und dann nehmen wir die Burschen in die Zange. Musst nur durchhalten, Sykora, eine halbe Stunde dauert es mindestens, bis wir bei dir sind. Munition hast du ja genug, wie wir dich kennen. Wir sind zwar momentan auch nur zu zweit, aber wir kommen mit schwerem Gerät, Sykora."

***

Der Kellner Jiří hatte Max Esterl gerade die dritte Halbe Fahnenschwinger kredenzt, der Kommissar nahm einen tiefen Schluck und seufzte befriedigt.

Heute lief es. Er hatte ein unglaubliches Käferl, fast jedes Spiel gewann er, auch die riskanten und selbst die nahezu aussichtslosen. Und wenn es schon gar nicht mehr gut aussah: Dann machte einer der Gegenspieler einen Riesenfehler und Max war doch wieder der lachende Gewinner. Weil das Geldschüsserl vom Max bereits seit geraumer Zeit voll war, wurden die Geldscheine die darunter lagen, immer mehr.

Max Esterl war es jetzt schon fast peinlich: Wieder ein Solo! Ein Riesensolo! „Herz sticht!“

„Die dümmsten Bauern haben die größten Erdäpfel!“ Leo, einer der Mitspieler konnte es nicht mehr fassen, welche Glückssträhne sein Freund gerade hatte. Fast im gleichen Atemzug aber sagte Leo: „Max, ich glaube, das Solo gewinnst du nicht. Das spielst du nicht einmal, denn jetzt wirst du gebraucht. Dreh dich um!“

Leo saß nämlich mit Blick auf die Wirtshaustür und er konnte sehen, wer da gerade hereingekommen war, einen kurzen Orientierungsblick gemacht hatte und dann eilig und schnurstracks auf den Tisch der fünf Kartenspieler zusteuerte.

„Max, Max, du musst sofort mitkommen, es ist was passiert.“ Die heftig mit ihren Armen gestikulierende Anke hielt sich nicht mit einer Begrüßung auf.

Alle fünf Kartenspieler, aber auch alle anderen Gäste im Bräustüberl starrten Anke an, deren Auftauchen ebenso ungewöhnlich auf sie wirkte, wie ihre Aufmachung: Während die eher seltenen weiblichen Gäste im Bräustüberl im Alltagsgewand oder höchstens im Dirndl auftraten, stand Anke im eleganten schwarzen

Kostüm vor Max Esterl, geschminkt, mit Perlenkette und silbernen, hochhackigen Schuhen. Anerkennende Pfiffe ertönten, aber Anke kümmerte sich nicht darum. Sie wiederholte dem einigermaßen begriffsstutzig blickenden Max gegenüber ihre Aufforderung und sie tat das so ernst und mit so großem Nachdruck, dass Max Esterl begriff.

„Ihr seid eh noch zu viert, zahlt meine Zeche von dem Gewinn und…" „teilt euch den Rest", hatte Max schon sagen wollen, aber während er in seine bequeme Strickjacke schlüpfte, einen letzten Schluck von seiner frischen Halbe Bier nahm und noch eilig auf die Toilette zum Bieseln lief, rief er über die Schulter zurück, dass einer der Mitspieler ihm den Rest morgen vorbei bringen solle. Das war die Rache für den Spruch mit den dümmsten Bauern. Auf dem kurzen Weg zum Parkplatz informierte Anke den Alten:

„Max, die Frau vom Rindl hat Alarm geschlagen! Und ich glaub, es ist eilig. Sehr eilig. Wir haben schon viel zu viel Zeit verloren." Anke schilderte ihrem Ex-Kollegen den verzweifelten Anruf der Ida, nachdem diese vergeblich versucht hatte, Max zu erreichen. Der Rindl hat zu seiner Frau noch gesagt, dass es dem Sykora jetzt an den Kragen geht, da drüben und dass ihm ein Vaschek hilft. Oder spricht man den wie die Vase, Wasek? Du hast vor einiger Zeit einmal so Andeutungen gemacht, dass du vielleicht weißt, wo der Sykora sich versteckt hält. Jetzt ist es Zeit: Rück raus damit! Wir müssen schleunigst schauen, dass wir das Schlimmste verhindern! Der Rindl bringt den Sykora um, wie er das geschworen hat, oder der Sykora bleibt

Sieger, und das wäre noch schlimmer. Wo ist Sykora? Du weißt es doch!“

Max hatte zwar Andeutungen gemacht, aber jetzt war er sich überhaupt nicht mehr sicher. Hatte der *SS-Mann* bei der Chata hinter Hamry sein Bein nachgezogen oder nicht? Könnte der Tscheche auf dem Hof die gleiche Person gewesen sein? Er musste eine Entscheidung treffen und auf seine Intuition setzen!

„Wir müssen nach Hamry, Anke.“

„Wo ist das? Hamry? Klingt Tschechisch.“

„Železná Ruda. Kreisverkehr. Dritte Abfahrt raus. Richtung Neuern/Nyrsko. Kruminale!“

***

Karo spielte gerade ihr derzeitiges Lieblingspiel *Age of Empires* auf dem Computer, da wurde ihr Blick durch eine schnelle Bewegung auf den Überwachungsbildschirm gelenkt, der direkt neben ihrer Playstation aufgebaut war. Noch war es hell genug, dass Karo alles genau erkennen konnte: Die Scorpions rückten aus! Sie warfen einige Gegenstände auf die Ladefläche des schwarzen Pickup mit dem roten Scorpionaufkleber, längliche Gegenstände, die aussahen wie… Waffen. Waffen und Kisten. Mit Munition? Ihre Fantasie begann mit Karo durchzugaloppieren und sie griff zu ihrem Handy.

Max Esterl, der dicke Kriminaler, der Mann von ihrer Deutschlehrerin, ging nicht ran, als sie mit vor Aufregung zitternden Händen bei ihm anrief.

Dann eben die junge Polizistin, von der der Herr Esterl damals erzählt hatte, die Frau Brandt! Wo hatte sie nur die Visitenkarte hingelegt, die der Herr Esterl ihr damals gegeben hatte? War sie auch schon so vergesslich wie ihre Oma?

Während die Scorpions die vielen Kurven von Železná Ruda zum Špičaksattel mit heißen Reifen hinauf rasten, waren Anke und Max gerade in den besagten Twingo gestiegen und Max hörte, wie Ankes Handy den *Böhmischen Traum* erklingen ließ und Anke „Scheiße, was ist denn schon wieder?“ rief.

„Wer bist du? Die Karo? Was sagst du, Karo? Sag das bitte direkt dem Herrn Esterl. Der Herr Esterl sitzt nämlich zufällig neben mir im Auto.“ Anke warf ihrem Kollegen einen vielsagenden Blick zu und übergab ihm ihr Handy, während sie ihr *Schbeibtrügerl* hin zum Polizeirevier steuerte. „Die Scorpions sind auf dem Kriegspfad? Mit ganzen Waffenarsenalen im Pickup sind sie davongedüst. Die haben was vor? Das glaub ich auch, Karo. Ich hoffe nur, dass sie nicht das vorhaben, was ich befürchte“, sagte Max, zu Anke gewandt. „Nein, Karo, erklären kann ich jetzt nichts, nur soviel: Du bist Spitze! Und ich zahl dir fünf, nein zehn Portionen Eis, wenn alles hier gut geht. Mehr kann ich nicht sagen, Tschau, Karo! Halt uns die Daumen!“

Max musste nichts mehr erläutern, Anke hatte sich schon ihren Reim gemacht. „Zwei Automatikwaffen und zwei Maschinenpistolen sollten reichen. Und kugelsichere Westen und Nachtsichtgeräte. Und, Anke, ich ruf den Pepi Holub an, er muss helfen. Wir dürfen ja eigentlich gar nichts tun, dort drüben. Ich schon gar nicht."

„Ganz so ist es nicht, Max", erklärte Anke, als sie in einen zivilen Polizeiwagen umgestiegen und auf dem Weg nach Eisenstein waren. „Flüchtige Verbrecher dürfen wir inzwischen verfolgen bis über die Grenze. Und die hier sind flüchtig, oder nicht? Und du, du bist allerhöchstens in einer Grauzone." Anke schaute seitlich zu Max hinüber und legte die Hand auf seinen Arm.

„Aber mit dem Holub hast du recht, jetzt brauchen wir ihn und seine Leute. Dringend!"

Anke bretterte durch die 30er-Zone hinter dem ehemaligen tschechischen Grenzgebäude und schleuderte mit quietschenden Reifen durch die Eisenbahnunterführung, die gerade der letzte-Zug vom Grenzbahnhof Alžbětín Richtung Pilsen überquerte, während Max mit Ankes Handy versuchte, Polizeioberst Pepi Holub, seinen tschechischen Kollegen und Freund, zu erreichen.

***

Mittlerweile waren die zwei Skorpione an der Chata bei Hamry angekommen. Sie hatten ihren Pickup einfach am Wegrand stehen gelassen und die letzten 300 Meter zu Fuß durch die zunehmende Dunkelheit zurückgelegt, um ihre Gegner nicht zu warnen und um sich gleichzeitig ein Bild von der Lage verschaffen zu können. Sykora hatte von mindestens zwei Angreifern berichtet, die ihn in die Zange genommen hatten und immer wieder ihre Positionen wechselten und die Chata in regelmäßigen Abständen beschossen. Momentan war anscheinend Feuerpause. Geduldig beobachteten die Scorpions die Szenerie aus einer sicheren Position.

Immer wieder, so konnten die Scorpions in den folgenden Minuten sehen und hören, kamen Feuerstöße aus verschiedenen Stellen des dichten Waldes heraus, der die Chata umgab und in der Finsternis wie eine bedrohliche schwarze Wand wirkte. Diese Schüsse wurden jeweils sofort von Sykora erwidert.

Aber sonst nichts. Keine Action! Nur das nervige, aufgeregte Bellen von Sykoras Schäferhund. Die beiden Skorpione starrten und lauschten in die immer noch finsterer werdende Nacht hinein.

„Irgendwann müssen die Angreifer doch etwas unternehmen", flüsterte nach vielen langen Minuten der Tschortsch seinem Kompagnon zu. „Die sind doch nicht hierhergekommen um die ganze Nacht vergeblich auf die Hütte zu ballern. Das wird mir jetzt zu blöd."

Als die nächsten Schüsse auf die Hütte abgefeuert wurden, riss Tschortsch seine Scorpion in Richtung der Mündungsfeuer und gab eine kräftige Salve aus seiner Waffe ab. Das tat gut! Endlich wieder ein Aufreger nach der Zeit der langen Hatscher über die Grenze. Und noch eine Serie. Und noch eine!

Ludwig und Vašek waren überrascht, dass da plötzlich jemand Anderer ins Spiel gekommen war. Getroffen hatte der neue Gegner zwar außer einigen Bäumen nichts, aber ihr Plan, den Sykora zuerst zu zermürben und dann, nach einigen Stunden, zum Angriff überzugehen, konnte nicht mehr aufgehen. Jetzt mussten sie versuchen, die neuen Gegner auszuschalten oder zumindest in Schach zu halten und die Hütte trotzdem irgendwie zu stürmen. Oder sollten sie die mitgebrachten Handgranaten einsetzen? So konnten sie den Sykora vielleicht dazu zwingen, seine Bude zu verlassen. Ludwig Rindl schickte eine SMS an Vašek.

Inzwischen war der Mond aufgegangen, sodass man wenigstens die Umrisse der Chata erkennen konnte. Der umliegende Wald lag nach wie vor in tiefster Finsternis.

Vašek Rankl schlich sich, mit zwei Handgranaten bewaffnet, im Dunkel der Fichten so nahe wie möglich an die Chata heran, deren Fenster schon weitgehend zersplittert waren. Als er in sicherer Wurfweite war, machte er zwei Granaten gleichzeitig scharf, wie er es bei seiner Ausbildung beim Militär oft probiert hatte. Jetzt musste es allerdings schnell gehen. Er schleuderte die beiden *Eier* mit aller Wucht unmittelbar hintereinander in Richtung Chata.

Eine landete auf der Holzveranda und explodierte dort krachend in einem Feuerball, die halbe Veranda sowie den ganzen Schäferhund in Stücke reißend. Splitter sausten durch die Gegend, die Druckwelle war sogar für Ludwig Rindl in seiner Deckung zu spüren. Die zweite Granate aber hatte ihr Ziel gefunden. Sie musste durch eine der Scheiben ins Hausinnere geflogen sein: Eine gewaltige Detonation erschütterte das Holzhaus. Helle Rauchschwaden, die man sogar im

Finstern sah, zogen aus der nur noch in den Angeln hängenden Tür.

Ein wütender Feuerhagel von Seiten der Scorpions war die Antwort auf diesen riskanten Angriff der internationalen Rindl/Rankl-Truppe. Doch Vašek war längst schon wieder im Dunkel des Waldes verschwunden.

Eigentlich hätten Tschortsch und sein Kompagnon sehen müssen, dass von ihrem tschechischen Kumpel Sykora nicht mehr viel übriggeblieben sein konnte, doch sie standen jetzt so unter Adrenalin und waren so scharf gemacht wie zwei Dobermänner beim Hundekampf. Ihre Scorpions bellten durch die Stille und machten die Wälder unterm Osser zu Kleinholz.

Aber Ludwig und Vašek hatten sich längst zurückgezogen. Sie kontrollierten allerdings noch den Zugang zur Chata, sodass die Scorpions nicht rein konnten.

Pattsituation!

Dem Ludwig allerdings schmolz die Zeit weg. Er war sich sicher, dass schon irgendjemand unterwegs war, weil die Schießerei gehört worden war. Mindestens die Detonation der Granaten musste man auf eine größere Entfernung hören. Deshalb vereinbarte er mit seinem Partner einen überraschenden neuen Angriff. Und dann: Rückzug!

Dieser Gedanke des Ex-Polizeichefs war richtig. Schon bei der Anfahrt zur Chata hatten Anke und Max die Granatenblitze im Wald gesehen und die Detonationen gehört. Ganz bis zum Häuschen trauten sie sich natürlich nicht zu fahren. Aber als sie den Pickup der Scorpions am Wegrand sahen, wussten die beiden, dass sie hier richtig waren. Sie parkten so hinter dem Pickup, dass dieser nicht mehr wegfahren konnte, armierten sich mit allen Waffen, die sie tragen konnten und liefen Richtung Chata, während ein erneuter, heftiger Schusswechsel zu hören war.

Für die neu Hinzugekommenen war die Situation zunächst ziemlich unübersichtlich, zumal sie die Nachtsichtgeräte in ihrer Aufregung im Auto vergessen hatten. Aus einer Deckung, noch gut 150 Meter vom Kampffeld entfernt, horchte Max, seine Kollegin am Arm zurückhaltend, in die Dunkelheit hinein. „Pass auf!", erklärte er Anke, „die Scorpion hat einen sehr charakteristischen Schussklang: Sie bellt ganz trocken. Hörst du? Wie ein Keckern." Anke nickte bestätigend. „Ja, genau."

„Daran erkennen wir, wo die Scorpions positioniert sind. Aber wir greifen nicht ein. Wir warten darauf, dass Pepi Holub mit seinen Truppen kommt. Kein Risiko!"

Max war ganz stolz auf sich. Seine Frau Eva würde ihm natürlich auch wegen dieser Aktion wieder Vorwürfe machen. Doch er konnte guten Gewissens sagen, dass er nichts aufs Spiel gesetzt hatte.

Aber jetzt: War der Ludwig denn verrückt? Salven aus einer Automatik, Mündungsfeuer und sofort das Keckern der Scorpions. Der Vašek stürmte offenbar, denn man sah die Mündungsfeuer seiner Automatik direkt auf die Scorpions zukommen, und Ludwig gab ihm Deckung. Die Scorpions blieben die Antwort nicht schuldig: Sie nahmen den Vašek, der sich offenbar doch wieder hinter einen Baum geworfen hatte, übel unter Beschuss. Lange würde der nicht mehr durchhalten.

Max schickte ein Stoßgebet zum Himmel: Wenn nur der Pepi endlich käme! Wo er so lange blieb?

Anke blickte den um vieles erfahreneren Max fragend an. Der nickte: „Geht nicht anders. Wir bleiben aber auf alle Fälle hinter den Blöchern.“ Ihre Deckung war ein Stoß Bäume, den die Waldarbeiter hier zum Abtransport an den Straßenrand gelegt hatten und über den hinweg sie jetzt in die Richtung der bellenden Scorpione feuerten.

Nun befanden sich die Scorpions in der Zange. Sie merkten, dass ihnen der Rückzug abgeschnitten war und ballerten, was das Zeug hielt, eine Salve um die andere.

Minutenlang hallte das Dauerecho der Schüsse von den Hängen des Ossers, Feuergarben erhellten die Nacht, es war ein geradezu unwirkliches Szenario. „Wie im Actionfilm!“, kommentierte Anke respektlos. „Und wir sind die Hauptdarsteller.“ Kruminale! Max hätte sie wegen dieses Kommentars dergatzen können. Ihm war nicht nach Action zumute. Was würde Eva sagen?

Max Esterl musste Anke, die jetzt offenbar auch von einer Art Gefechtsrausch angesteckt war, immer wieder dazu drängen, doch mehr in Deckung zu bleiben. Nur hinhaltend kämpfen! Nur so lange, bis Pepi kam.

Jetzt hatten die Scorpions offenbar den Plan gefasst, doch bis zu ihrem Pickup vorzudringen. Ein Kugelhagel deckte Anke und Max ein, so dass sie nicht einmal mehr eine Nasenspitze hinter den Holzblöchern hervorschauen lassen konnten. Wenn jetzt nicht Hilfe kam, dann würde es sehr ernst werden.

Verzweifelt wagte Max einen Blick hinter dem Holzstoß hervor und gab eine gehörige Salve in Richtung der Scorpions ab. Zum Glück hatten jetzt die beiden anderen, der Ludwig und der Vašek die Situation erkannt und halfen, indem sie ebenfalls kräftig auf die Scorpions schossen.

Da! Endlich! Als das Tohuwabohu schließlich am allergrößten war, hörte Max ein Dröhnen im Hintergrund, ein tiefes Brummen, das sich schnell näherte, das lauter und lauter wurde und schließlich sogar die Explosionen der Schüsse übertönte. Max überkam eine Erleichterung, wie er sie nur selten in seinem Leben gespürt hatte. Das war allerhöchste Zeit!

Dann sah er Scheinwerfer über sich, megastarke Scheinwerfer, die die Nacht zum Tage machten und die ganze Szenerie in gleißendes, blendendes Licht tauchten. Und, nachdem die Schießerei langsam abzuebben begann, hörten Anke und Max nur noch das Knattern der Rotorblätter, das sich zu einem ohrenbetäubenden Getöse auswuchs. Pepi Holub mit seinen Truppen war da! Höchste Zeit! Einer der zwei Hubschrauber schwebte in einiger Höhe über der Chata und sorgte mit seinen Suchscheinwerfern für die Beleuchtung, während der andere unter Riesengetöse auf der Forststraße landete. Der Wind der Rotorblätter ließ Anke und Max noch tiefer hinter den Blöcherstoß tauchen. Durch einen Sichtspalt zwischen den Blöchern konnten sie noch einen kleinen Ausschnitt der Szenerie sehen: Geduckt sprangen schwerbewaffnete Gestalten in Tarnanzügen aus dem Helikopter, suchten sofort Deckung im Wald oder in den Büschen und arbeiteten sich auf die Chata zu. Kein Schuss war mehr zu hören, die Scorpions versuchten offenbar, durch den Wald zu türmen.

Max lehnte sich erschöpft an eines der Blöcher, die ihm und Anke noch Minuten zuvor als Deckung gedient hatten. Er war fertig, total fertig. Solche Dinge waren nichts mehr für einen älteren Herrn wie ihn. Dann spürte Max, wie Anke ihm die Hand auf die Schultern legte und ihn von hinten umarmte. Und er spürte auch, wie die junge Polizistin wie Espenlaub zitterte.

„Ist schon gut, Anke. Wir leben ja noch."

Eine Stunde später saßen Anke und Max, in Aludecken gehüllt, immer noch fröstelnd, auf Klappstühlen, die ihnen irgendjemand untergeschoben hatte, neben einem der Polizeihubschrauber.

Die Szenerie hier im Waldwinkel war eine andere geworden. Erst hatten Anke und Max noch das Bellen der Suchhunde gehört, mit denen die beiden Flüchtigen verfolgt worden waren. Dann hatten sie dabei zugesehen, wie Ludwig und Vašek von den tschechischen Kollegen zu einem Krankentransporter geführt wurden. Ludwig konnte selbst gehen, den Vašek hatte es wohl etwas schlimmer erwischt. Er musste von zwei Uniformierten halb gestützt und halb getragen werden. Als Max aufstehen und zu Ludwig hingehen wollte, wurde er von einem Polizisten zurückgezogen, der sich bisher im Hintergrund gehalten hatte. „Klar", sagte Anke, „überleg mal, Max : Wir sind in Zivil und werden im Ausland dabei erwischt, wie wir auf Menschen ballern. Ich hab´ wenigstens meinen Polizeiausweis herzeigen können, aber du hast gar nichts. Hoffentlich kommt Oberst Holub bald."

Ihren Freund, den Oberst Josef Holub hatten die beiden noch nicht zu Gesicht bekommen.

Es dauerte noch einige Zeit, bis ein blaulichtblitzender Polizeiwagenkonvoi heranrückte. Dem zweiten Auto entstiegen Oberst Pepi Holub und Rudi Hasensperl. Max Esterl rieb sich, während er und Anke ihre Aludecken ablegten und aufstanden, die Augen.

Der Hasensperl, der Sauhund! Der hatte doch überall seine Hände im Spiel! Die ganze Zeit über hatte Max so ein komisches Gefühl gehabt! Bei der Osserüberquerung, dem Schachtenabenteuer! Nun war Max ganz sicher: der Rudi war immer beruflich hier gewesen, nicht privat!

Jetzt fiel es Max Esterl wie Schuppen von den Augen und der Vorhang lichtete sich: Genau davon hatte ihm der Rudi bei ihrem Raunachtsbarbesuch erzählt. Kruminale, Max!

Zum altersbedingten war bei ihm auch noch der durch Alkohol verursachte Gedächtnisverlust gekommen!

Max wurde aus seinen Gedanken gerissen. Während der paramilitärisch, aber nicht in Uniform gekleidete Rudi Hasensperl noch unschlüssig neben der Wagentür wartete, stürzte der in einen sehr martialisch aussehenden und seine schon etwas aus den Fugen geratenen Proportionen milde kaschierenden Kampfanzug gekleidete Oberst auf die zwei bayerischen Kollegen zu. Den Max würdigte der Pepi aber zunächst mit keinem Blick. Er eilte zu Anke, die ziemlich derangiert und völlig disdressed vor ihm stand mit ihrem schwarzen Kostüm, das sie vor der rasanten Fahrt nach Hamry nur durch eine Winteruniformjacke und knöchelhohe Wanderschuhe ergänzt hatte. Ihre weiße Perlenkette schimmerte hinter dem kunstpelzbesetzten Kragen der blauen Uniformjacke hervor. Noch ehe sich´s die völlig überraschte junge Polizistin versah, hatte der Pepi ihr zuerst einen ebenso eleganten wie deplatzierten Handkuss verpasst, sie danach mit großer Geste in seine Arme geschlossen und ihr dann links wie rechts je einen Schmatz auf die Wangen gedrückt.

„Kiss die Hand, jungä, schänä Kollägin aus Bayern. So hibsch nei Uniform! Olala!“ Pepi zeigte mit beiden Händen auf das kurze Schwarze der jungen bayerischen Kollegin, das unter ihrer warmen Jacke hervorschaute und wandte sich danach an Max.

„Ahoj, Maxe. No, do hobt ihr gut Prace, äh Arbeit gemacht. Mehr Beimä umgelägt als Orkan vor finf Jahren!“ Pepi deutete auf die Holzsplitter, die überall herumlagen.

„Hoffäntlich ist Sykora endlich erlädigt.“

Als ob sie nur auf Pepis Stichwort gewartet hätten, kamen etliche Notärzte und Sanitäter, eine Trage mit Reanimationsausrüstung vor sich herschiebend, auf der ein Liegender mit einer übergestülpten Inkubationsmaske zu erkennen war, aus der völlig zerstörten Haustür der Chata.

Auf Pepis fragenden Zuruf hin antwortete einer der Ärzte etwas auf Tschechisch und schüttelte dazu vielsagend den Kopf.

„Eier altr Kollägä Rindl und sein Kombattant Vaclav Rankl habän nicht viel Fädrn ibrig gelassen von Sykora, von Meisä. Haben Vogäl abge…, abge…, wie sagt man, Maxe, bei Beinä von Hähnchen auf Volksfäst? No, Maxe?

Gänau! Abgefieselt habän sie Sykora. Gutäs Team. Binational. Vyborne!"

Man sah Pepi Holub an, dass er zufrieden war. Sehr zufrieden. Auch Hasensperl, der sich im Hintergrund hielt, hatte ein breites Lächeln aufgesetzt.

„Wenn Scorpionä auch gäfangän, passt alläs. Daurt nimmr lang. Nachrichtän per Funk sind gut."

Als die Spannung bei Anke und Max sich langsam löste, begann die Fränkin so sehr zu zittern, dass ihre Zähne nur so klapperten. Sofort legte Pepi väterlich besorgt seinen Arm um sie und begleitete sie überaus fürsorglich zu einem der bereitstehenden Krankenwagen.

„Hier is warm. Kollägin hat Schock! Kein Wundr."

Aus dem sicheren Schutz des Krankenwagens heraus konnten Anke und Max, je einen Becher wärmenden Schwarztees vor sich, das weitere Geschehen beobachten. Öfter als notwendig kam auch Pepi vorbei, um sich nach dem Zustand der „jungän Kollägin" zu erkundigen und den beiden den Fortgang der Ereignisse und die Erfolge seiner Truppen zu schildern.

Erst jetzt dachte Max Esterl daran, dass er unbedingt Eva anrufen musste. Es war schon weit nach Mitternacht. Eva würde zwar denken, er sei im Bräustüberl versumpft, aber wenn sie nachts um drei oder vier zufällig aufwachte und sah, dass er nicht in seinem Bett lag, dann würde sie sich schon große Sorgen machen. Eine zusätzliche Katastrophe drohte, wenn die Eva auch nur einen Teil von dem mitbekam, was er diese Nacht erlebt hatte!

Aber was hätte er anders machen können? Max war sich keiner, naja, kaum einer Schuld bewusst.

„Kannst du bei mir daheim anrufen, Anke? Ich muss Eva benachrichtigen."

Ankes Finger zitterten noch ziemlich heftig, aber schließlich gelang es ihr doch, den Anschluss herzustellen. Max hatte Mühe, die aus dem Schlaf gerissene und völlig überraschte Eva fürs erste zu beruhigen.

„Ich weiß nicht, wann ich heimkomme, wir werden wahrscheinlich von den Tschechen noch intensiv befragt werden, vielleicht werden wir auf die nächstgelegene Dienststelle nach Nyrsko/Neuern gebracht, oder nach Klattau oder gar nach Pilsen. Hier herrscht noch das Chaos. Halt, jetzt bringen sie anscheinend die zwei flüchtigen Scorpions zurück. Eva, ich muss aufhören. Sorg dich nicht, uns geht es gut. Ich meld´ mich wieder."

Kapitel 33: Der Prozess

Über ein viertel Jahr dauerte es nach dem *Gefecht in der Wolfsschlucht,* wie die Journalisten die Rache von Ludwig und Vašek nannten, bis in Pilsen der Strafprozess dazu stattfand. Dieser große internationale Prozess hatte, nicht nur in Tschechien, ein riesiges Medieninteresse ausgelöst, sogar deutsche Fernsehanstalten waren da, und auch die Passauer Neue Presse hatte eine Reporterin nach Pilsen geschickt, die aber dort erstaunt feststellen musste, dass der Prozess nicht in deutscher Sprache stattfand. Zu ihrem Glück übersetzten Simultandolmetscher für die zahlreichen deutschen Angeklagten, Zeugen und Anwälte sowie für die Medien.

Oberst Holub war es gelungen, die Handlungsweise von Anke und Max so darzustellen, dass sie *nur* als Zeugen auftreten mussten, über die fehlende Legitimation des Pensionisten wurde stillschweigend hinweggesehen. Anke dagegen wurde sogar gelobt für ihren Mut, ihre Entscheidungs- und Durchsetzungskraft. Das würde der Anke, so flüsterte Max ihr ins Ohr, viele Punkte bei ihrer nächsten Beurteilung einbringen. Anke und Max waren aber nur Nebenfiguren. Hauptfiguren waren die vier Angeklagten. Schon von Beginn an unterschieden die Medien die zwei *Guten* von den zwei *Bösen*. Der Hauptanklagepunkt gegen die *Guten* Ludwig Rindl und Vaclav Rankl lautete auf schwere Körperverletzung. Nicht Körperverletzung mit Todesfolge, wie von Anke und Max zunächst befürchtet worden war.

Max Esterl musste während des Prozesses immer wieder an die Emma denken, deren Tod bei der Verhandlung natürlich auch eine Rolle spielte, da der Mord an ihr ja auf dem Staatsgebiet der Tschechischen Republik passiert war. Natürlich schoben die beiden Scorpione alle Schuld dem Sykora in die Schuhe. Naja, Schuhe hatte der Sykora sicher nicht mehr an, wo doch die Handgranate ihm die Füße…

Der Sykora, so war bei der Obduktion des zum Glück einzigen Todesopfers herausgefunden worden, hatte sich selbst eine Kugel gegeben. Sein Fuß war durch die Handgranate so übel zugerichtet gewesen, dass er offenbar eingesehen hatte, wie aussichtslos seine Position wurde.

Die Ballistiker hatten, sehr zur Genugtuung von Ludwig und Vašek festgestellt, dass die Kugel, mit der Sykora sich selbst gerichtet hatte, aus der gleichen CZ 75 stammte, mit der Emma erschossen worden war. Damit war endgültig bewiesen, wer Emmas Mörder war. Auch der letzte Mordverdacht gegen die beiden Scorpions war somit gegenstandslos geworden.

War die Emma dadurch gerächt? Ging es dem Ludwig und dem Vašek jetzt besser, wo der Sikora tot war?

Anscheinend schon, denn Ludwig und Vašek standen den Prozess hervorragend durch. Ihren Anwälten gelang es, sie als Opfer darzustellen. Ohne ihre-natürlich zweifellos zu verurteilende, aber menschlich wiederum verständliche-falsche Reaktion wären allerdings die Dinge nie so vorangetrieben worden. Wer weiß, argumentierten die Anwälte, ob nicht der Sykora wieder ungeschoren davongekommen wäre. Die Richterin tat dies zwar als unzulässige Hypothese ab, man merkte jedoch, dass der Auftritt der beiden Helden einen guten Eindruck hinterlassen hatte.

Besonders die Haltung, die Ludwig Rindl beim Prozess zeigte, fand Anerkennung: In einer Erklärung beschuldigte er sich selbst der Drahtzieherschaft. Er habe den jungen Vašek überredet, bei der Aktion in Hamry mitzumachen, der Vašek habe von Anfang an Bedenken gehabt.

So etwas kam nicht oft vor. Sonst versuchte jeder vor Gericht, seinen Arsch zu retten. In den Medien wurde dies zur weiteren Heldentat des Ludwig Rindl hochstilisiert.

Die BILDzeitung, die natürlich auch anwesend war, schrieb gar vom *Neuen Dreamteam: bayerischer Ludwig und böhmischer Wenzel,* die PNP wollte dem nicht nachstehen und taufte die beiden *den Böhmischen und den Bayerischen Löwen.*

Den Gegenentwurf zu den beiden Helden bildeten die zwei Schurken: Der noch immer an seinen Schussverletzungen laborierende und hinkende Tschortsch, alias Georg Gigl und sein Kompagnon namens Bloody, mit bürgerlichem Namen Gustav Roth. Sie versuchten, ihre Schuld klein und die von Sykora groß zu reden.

Sie bekamen aber keinen Stich. Weder bei den Medien noch bei Gericht. Körperverletzung war noch eines der geringeren Delikte, die sie in den wenigen Monaten ihres Aufenthalts in Zwiesel und Železná Ruda begangen hatten. In ihren beiden Häusern diesseits und jenseits der Grenze wurden jeweils erhebliche Mengen Schmuggelware gefunden und ihr Bordell war endlich hops genommen worden.

Irmi vom Roten Herz hatte damals in allen Punkten recht gehabt. Waffen-, Drogen- und Menschenschmuggel, ja sogar Menschenraub standen in der Anklageschrift der Scorpions. Die Karo würde die Motorradrocker, soviel war von Anfang an klar, so bald nicht wieder auf ihrem Überwachungsmonitor sehen.

Auf die Urteilsverkündung am letzten Verhandlungstag, es war ein heißer Spätsommertag, hatten alle am Prozess Beteiligten mit Spannung gewartet, besonders natürlich die Angeklagten beider Seiten: Die zwei Scorpions und die zwei Löwen, die täglich aus Bory ins Gerichtsgebäude gebracht wurden.

Nicht minder gespannt waren aber auch der offizielle Prozessbeobachter des Bayerischen Staatsschutzes, Hasensperl, der im Parkhotel logierte, und die Hauptzeugen Anke Brandt und Max Esterl, die im Gasthaus Salzmann im Zentrum untergekommen waren. Max stellte mit großer Freude fest, dass der Salzmann damals, vor über hundert Jahren, eines der Stammlokale Karel Klostermanns gewesen war.

Der wichtigste Vertreter der tschechischen Polizei, Oberst Josef Holub, der daheim in seinem Appartement schlief, wenn er nicht seinen Jour fixe in Železná Ruda bei Irmi hatte, sah dagegen dem Ende des Prozesses gelassen entgegen.

Sein geschicktes, zurückhaltendes Taktieren hatte in der tschechischen Presse viel Lob gefunden. Bescheiden hatte Pepi das Lob auf alle Köpfe verteilt, besonders seine bayerische Kollegin Anke Brandt hatte er hervorgehoben, mit der er sich eine noch nähere Zusammenarbeit gut vorstellen könne.

Kapitel 34: Šenk Parkan

In der Šenk Parkan, einem der typischen Pilsener Bierlokale am Rande der Altstadt, saß eine gemischte tschechisch-deutsche Gruppe zusammen und feierte das Ende des Prozesses. Oberst Josef Holub hatte alle eingeladen.

Heute Nachmittag war die Urteilsverkündigung gewesen. Alles war so gelaufen, wie der Oberst sich das vorgestellt hatte. Die Gruppe saß in einem der Nebenräume, jeder hatte ein volles Glas Pilsener Bier vor sich, Oberst Holub, der natürlich unbedingt zwischen Max Esterl und Anke Brandt hatte sitzen wollen, stand auf und brachte einen Trinkspruch aus, der in einem dreifachen *na zdraví* endete.

Während die Gäste sich, in einem deutsch-tschechischen Sprachengewirr, lautstark unterhielten, war Max Esterl stumm geblieben, hatte den Schaum in seinem Bierglas betrachtet und das eine um das andere Mal einen kräftigen Zug von dem kühlen Bier genommen.

Seine Gedanken beschäftigten sich noch immer mit dem Ausgang des Prozesses:

Die beiden Löwen waren jeweils mit Mindeststrafen davongekommen. Dem böhmischen Löwen Vaclav Rankl war zu Gute gekommen, dass er einen hervorragenden Leumund hatte, nicht vorbestraft und von Ludwig Rindl zur Tat „verführt“ worden war. Er war schließlich wegen Bedrohung und Beihilfe zur Körperverletzung sowie Sachbeschädigung zu einem halben Jahr auf Bewährung verurteilt worden und konnte seinen Posten beim Nationalpark Šumava behalten.

Vašek, der böhmische Löwe, küsste bei der Urteilsverkündung ein Bild, das er bei sich trug. Die BILD vermutete am Tag danach: „War es das Foto seiner toten Freundin?“

Bei dem bayerischen Löwen sah es schon etwas schlechter aus. Gerade er als pensionierter Polizist, so die Richterin, hätte wissen müssen, dass man das Gesetz keineswegs in die eigenen Hände nehmen dürfe. Aber man konnte erkennen, dass Ludwigs Erklärung, in der er die volle Verantwortung für die Tat übernommen hatte, sehr positiv ausgelegt worden war. Die Richterin behandelte ihn stets überaus respektvoll, Rindl zeigte sich von seiner besten Seite. Seit dem Tag der Rache war der Ex-Polizeichef wie ausgewechselt: Er hatte anscheinend seinen Frieden gefunden.

Die Untersuchungshaft konnte auf die halbjährige Gefängnisstrafe wegen Bedrohung, gefährlicher Körperverletzung und ebenfalls Sachbeschädigung sowie unerlaubten Waffenbesitzes angerechnet werden, sodass noch ein Vierteljahr „Reststrafe“ blieb. Zu seinen Freunden hatte Ludwig nach der Verurteilung gesagt, die paar Tage sitze er „auf einer Arschbacke“ ab.

Eine tschechische Zeitung hatte Rindl schon während des Prozesses als Ehrenmann bezeichnet, der das getan habe, was ein Mann eben tun müsse.

Den Scorpions wurde eine ganze Latte von Delikten vorgeworfen. Holub und seine Leute hatten hier ganze Arbeit geleistet und dem Gericht lückenlose und ellenlange Beweislisten vorgelegt.

Am liebsten hätte die Richterin natürlich den Sykora auf der Anklagebank gehabt, aber der hatte sich dem Verfahren durch den Schuss aus seiner CZ 75 entzogen. In dem einen Anklagepunkt, der den Mord an Emma betraf, schenkte das Gericht den Beteuerungen der Scorpions ausnahmsweise Glauben. Der Mord war durch die Videoaufnahmen der Emma und den Fund der CZ 75 so eindeutig belegt worden, dass kein Zweifel an der Schuld des Großverbrechers Sykora blieb.

Die Entlastung in der Mordsache verkürzte die Gefängnisstrafen der beiden Scorpions zwar um Einiges. Sie hatten sich allerdings vor Gericht so benommen, als seien sie die Stinkefüchse von der Raunacht, was ihnen natürlich auch nicht gerade positiv ausgelegt wurde. Letzten Endes mussten sie für mehrere Jahre hinter schwedische Gardinen. Die Erika, der ehemals heißeste Feger von Zwiesel, weinte bei der Urteilsverkündung.

„Maxä, dame si jedno pivo? Mags noch ein Bier?"

Pepis Stimme riß den deutschen Freund aus seinen Gedanken. Max sah auf sein Glas und stellte erstaunt fest, dass es leer war.

Ebenso erstaunt stellte Max Esterl fest, dass ihm gar nicht nach feiern zumute war. Noch ein, zwei Bier hier, dann würde er zum Salzmann gehen und sich hinlegen. Er war froh, morgen wieder heimzukommen und freute sich schon auf sein Kanapee. Und auf Eva.

Kapitel 35: König Ludwig in Bory

Einige Wochen später traf Max Esterl, als er beim Edeka einkaufen wollte, zufällig die Ida Rindl. Max hatte ein schlechtes Gewissen, weil er den Ludwig noch nicht besucht hatte und fragte dessen Frau, wie es ihm denn in Bory so gehe.

Ida Rindl schob ihren Einkaufswagen in eine stillere Ecke.

„Herr Esterl, das glauben Sie nicht. Das Gefängnisessen schmeckt dem Ludwig. Der Oberst Holub in Pilsen, wissen´s, mein Mann kennt den ja ganz gut. Noch von früher her, von seiner aktiven Zeit. Ah, Sie kennen den auch, den Holub? Der schaut schon drauf, dass es dem Ludwig an nichts abgeht. Ein guter Mann, der Holub! Und Sie kennen den auch, Herr Esterl? Auf alle Fälle ist mein Mann der Star da drüben im Gefängnis. Die halten ihn alle für einen ganz harten Hund! Er ist der, der den Sykora erledigt hat. Und der Sykora, glauben´s mir´s, Herr Esterl, der Sykora, der war eine ganz große Nummer in den tschechischen Gangsterkreisen, ja im ganzen Ostblock! Gefürchtet! Und der Ludwig, der hat ihn unschädlich gemacht. Also, der Ludwig war schon nach ganz kurzer Zeit der Capo von denen da im Gefängnis. *Kral Ludwig* nennen sie ihn dort, König Ludwig! Er ist ja auch eine Führungsperson, sonst hätte er es doch nicht bis zum Stationsleiter gebracht, oder, Herr Esterl?“

Es war unglaublich, wie diese Frau, die vor Wochen noch vergrämt und zerstört daheim gesessen war, jetzt vor Stolz auf ihren Ludwig zu einem fast schon wieder ungesunden Selbstbewusstsein gelangt war.

„Der Vašek besucht ihn einmal die Woche und ich besuch ihn auch regelmäßig. Jeden Mittwoch fahr ich mit dem 8-Uhr-Zug von Eisenstein aus rein. Die Schalterbeamten dort kennen mich schon. Letztes Mal hat der Bahnerer, der so gut Deutsch kann, gesagt, zehn Euro achtzig kostet die Fahrt hin und zurück und viele Grüße an den Ludwig soll ich ausrichten. Er ist ein Held in Tschechien und unser Vašek auch und alle Zeitungen haben über sie geschrieben, ich kanns ihnen zeigen, ich hab alles gesammelt. Und sie haben auch geschrieben, die Welt würde besser aussehen, wenn es nur ein wenig mehr Leute wie die beiden gäbe."

Max Esterl schmunzelte in sich hinein. Auf solche Typen wie den Ludwig war die Welt seiner Meinung nach nicht unbedingt angewiesen. Aber: Wenn diese Geschichte etwas Gutes hatte, dann war es die Tatsache, dass Menschen wie Ida und Ludwig jetzt von *ihrem* Vašek sprachen und ihre östlichen Nachbarn ganz selbstverständlich respektierten.

„Und, Herr Esterl, das wird Sie jetzt besonders freuen, wo mir doch der Ludwig erzählt hat, dass Sie so ein Karl Klostermannfan sind: Der Ludwig hat im Gefängnis angefangen, den Klostermann zu lesen, Zeit hat er ja jetzt, und er findet ihn ganz toll."

„Super, Frau Rindl, dann weiß ich schon, was ich dem Ludwig mitbringen muss, wenn ich ihn in der nächsten Zeit in Bory besuche."

„Da müssen´s Ihnen aber schicken, Herr Esterl. In drei Wochen wird er entlassen, der Ludwig. Wegen guter Führung. Jetzt reicht seine Zeit dort nicht einmal mehr, um richtig Tschechisch zu lernen. Also, war schön mit Ihnen zu sprechen, Herr Esterl."

Max sah die Frau Rindl das erste Mal seit langer Zeit mit einem fröhlichen Gesicht.

„Ja, mich hat es auch gefreut, Frau Rindl. Und richten´s bitte ihrem Gatten einen schönen Gruß aus, wenn Sie ihn das nächste Mal besuchen."

Max Esterl entfernte sich in Richtung Gemüseabteilung.

Ida Rindl ging zu dem Regal mit den Grablichtern. Ihr Lächeln war verflogen. In ihre Augen hatten sich Tränen gestohlen.

Konec – Ende

Nachwort

Liebe Leser,

dass ich wieder einen Max-Esterl-Krimi, den sechsten, geschrieben habe, verdankt Ihr meinem alten Freund und treuen Leser, dem *Wenzel* (!) B. aus Rabenstein.

Er hat mich kurz nach dem Erscheinen von „*Max Esterl und die Mumienkammer*“ bei einem Kirchenbesuch in Rabenstein zur Seite genommen und mir seine Meinung gesagt:

„Dei Krimi mit da Mumienkammer, Ossi, der hat mir guat gfalln. Sehr guat sogar. Aber: Dass du den Böhm, den Sykora, a so davokemma hast lossn, des is net richtig, des kann net sei! Ejtz schreibst no an Krimi übern Sykora und dann...“ der Wenzel machte die Geste des Halsabschneidens.

Passts a so, Wenz?

Bedanken möchte ich mich aber auch bei

- meinen Probelesern, meinen Töchtern Elisabeth und Magdalena sowie meiner Frau Conny, die zudem in der Zeit meiner Schwangerschaft mit dem neuen Esterl-Krimi immer äußerst geduldig mit mir umging,
- dem Fehlerfischer Pongratz Hans,
- dem Schopf Hans vom Ohetaler Verlag für seine Formatierungskünste,
- meinem Freund Jiří Sourek vom Euroverlag Pilsen und seinen MitarbeiterInnen, vor allem Frau Bara Mullerova,

- der Schülerin Annalena Pauli, Q11, am Gymnasium Zwiesel und ihrem Kunsterzieher Hansi Welsch für das phantastische Titelbild,
- und schließlich bei allen Freunden, die mir Anregungen geliefert haben, sowie bei den zahlreichen Max-Esterl-Fans, die mich mit Ideen und Zustimmung bestärkt haben.

Ossi Heindl

Foto: Conny Heindl

Ossi Heindl verbrachte seine Kindheit und Jugend in Zwiesel im Bayerischen Wald. Nach dem Abitur (1970) am Gymnasium Zwiesel studierte Heindl in München Kath. Theologie und Germanistik für das Lehramt.

Er leistete sein Referendariat in Würzburg ab und kehrte als Religions- und Deutschlehrer an das Gymnasium Zwiesel zurück.

1986 übernahm Ossi Heindl die Schulleitung am Berufsbildungszentrum des Mädchenwerks in Zwiesel.

Heindl ist verheiratet, hat zwei Töchter und mittlerweile fünf Enkel, denen er möglichst oft Geschichten erzählt.

Seine Leidenschaften sind denen des Max Esterl sehr ähnlich: Schafkopfen, Sport treiben (Fußball, Basketball, Skifahren), Musik, Natur erleben und Lesen, besonders gerne natürlich die Werke von Karl Klostermann.

Seit seiner Pensionierung ist bei Ossi Heindl noch das Schreiben hinzugekommen.

Sollten Sie auch kennen ...

Ossi Heindl

Max Esterl
und die Schilderspaxer
Max Esterls dritter Fall

Ein Böhmerwaldkrimi
ein Böhmerwaldkrimi
diesmal mit Leiche
Bergreichenstein

Ohetaler

Ossi Heindl
Max Esterl
und das drumherum
Max Esterls vierter Fall
Ein Böhmerwaldkrimi
Ohetaler Verlag

Ossi Heindl

Max Esterl und die Mumienkammer

Max Esterls fünfter Fall